KT-501-079

TEXTES LITTERAIRES

Collection dirigée par Keith Cameron

LXXVI

BEVERLEI

BEVERLEI,

TRAGEDIE BOURGEOISE.

ACTE PREMIER.

Le Théatre repréſente un Sallon mal meublé, & dont les murs ſont preſque nuds, avec des reſtes de dorure.

SCENE PREMIERE.

Madame BÉVERLEI, HENRIETTE.

Elles ſont aſſiſes, & travaillent l'une au tambour, l'autre à la tapiſſerie.

Madame BÉVERLEI, *tournant la tête vers le fond du Théatre.*

Chere Henriette, il ne vient point!
Quel tourment quelle inquétude!

A 2

Début de ***Béverlei*** dans l'édition publiée
à Vienne en 1768

Bernard-Joseph SAURIN

BEVERLEI

tragédie bourgeoise imitée de l'anglois

Edition critique
par
Derek F. Connon

University of Exeter
1990

BIRKBECK LIBRARY COLLEGE

REMERCIEMENTS

Je tiens à remercier pour leur aide pendant la préparation de cette édition les institutions et les personnes dont les noms suivent:

Richard Waller, la Bibliothèque Nationale, the British Library, the University of Iowa Library, Yale University Library et the Bancroft Library of the University of California, Berkeley pour des photocopies et des microfilms des sept premières éditions de *Béverlei*.
John Dunkley, et Jacqueline Razgonnikoff de la Bibliothèque de la Comédie-Française pour de précieux renseignements et documentations sur *Le Joueur* de Duplat de Monticourt.
David Adams pour ses renseignements bibliographiques.
The University of St Andrews pour sa contribution aux frais des recherches.
Laurence Gouriévidis et Jean Biard pour leurs conseils linguistiques.
Keith Cameron pour ses conseils d'éditeur.

First published in 1990
by
University of Exeter Press
Reed Hall
Streatham Drive
Exeter EX4 4QR
UK

© D. Connon 1990
ISSN 0309 - 6998
ISBN 0 85989 349 9

Typeset by Penny Amraoui

Printed in the UK by BPCC Wheatons Ltd, Exeter

à Jonathan, Andrew et Helena

ABREVIATIONS

AL   Elie Fréron, *L'Année littéraire*, 37 vol. (Amsterdam, 1754-90)

B   Louis Petit de Bachaumont, *Memoires secrets pour servir à l'histoire de la republique des lettres en France, depuis MDCCLXII jusqu'à nos jours*, 36 vol. (Londres, 1780-1789)

C   Charles Collé, *Journal historique; ou, Mémoires critiques et littéraires*, 3 vol. (Paris, 1805-7)

CL   Friedrich Melchior Grimm et autres, *Correspondance littéraire, philosophique et critique*, éd. Maurice Tourneux, 16 vol. (Paris, 1877-82)

D   Denis Diderot, *Le Joueur*, éd Jacques Chouillet, dans *OEuvres complètes*, éd. H. Dieckmann, J. Proust, J. Varloot, et autres, 33 vol. (Paris, 1975-), XI, pp. 317-450

DM   Duplat de Monticourt, *Le Joueur, tragédie anglaise en 5 actes et en prose*, manuscrit conservé à la Bibliothèque de la Comédie-Française, Ms 20547(1)

L   abbé Bruté de Loirelle, *Le Joueur* (Londres et Paris, 1762)

M   Edward Moore, *The Gamester*, dans Eighteenth-Century Tragedy, éd. Michael R. Booth (London, 1965), pp. 155-225

MF   *Mercure de France*

S   Bernard-Joseph Saurin, *Béverlei, tragédie bourgeoise, imitée de l'anglois, en cinq actes et en vers libres*, éd. Derek F. Connon, Exeter French Texts, LXXVI (Exeter, 1990)

INTRODUCTION

Phénomène social autant qu'artistique, le drame commence à attirer de nouveau notre intérêt pour plusieurs raisons. Tout comme les ouvrages philosophiques ou libertins, le drame nous parle clairement d'un aspect de l'esprit du dix-huitième siècle. Nous y voyons le goût pour la sentimentalité, pour l'émotivité exagérée, pour la littérature moralisatrice, et aussi l'effort de créer un théâtre où le spectateur pourrait, dans les personnages, reconnaître ses semblables. Notre négligence envers cet aspect de la création littéraire créerait une lacune importante dans la compréhension de l'époque. Nous devons aussi reconnaître dans le genre l'un des premiers précurseurs de notre théâtre moderne, qui a mené à la disparition de la tyrannie qu'était la division rigoureuse en comédie et en tragédie(1).

Il n'en est pas moins vrai que nos goûts ont changé, et que le drame a plus souffert de ce changement que les autres genres de l'époque. Nous ne supportons plus le didactisme sentencieux, la sentimentalité, les situations exagérées - le drame, il faut bien le reconnaître, est également un devancier important du mélodrame. Ce n'est donc pas tout à fait avec regret que nous devons constater que le genre a disparu définitivement de nos scènes(2). S'il reste des plaisirs purement littéraires dans ces ouvrages, c'est par la lecture que nous allons les goûter. Et quels sont les drames qui méritent notre attention? Les critiques s'accordent pour applaudir 'le' chef-d'oeuvre du genre, *Le Philosophe sans le savoir* de Sedaine; l'importance de Diderot, créateur du genre, est également claire - *Le Père de famille* fut presque aussi populaire que la pièce de Sedaine, et *Le Fils naturel*, bien que moins théâtral, nous montre que Diderot est presque incapable d'écrire un texte qui ne mérite pas notre attention(3); nous ne devons pas, non plus, négliger les drames de Beaumarchais, ni *La Brouette du vinaigrier* de Mercier. Et l'on ne sera peut-être pas trop surpris si j'ajoute à cette liste la tragédie bourgeoise de Bernard-Joseph Saurin, *Béverlei*.

Quelle est l'importance particulière de cette pièce? D'une réussite moins durable que *Le Philosophe sans le savoir* ou *Le Père de famille*, elle réussit à devenir, quand même, l'un des drames les plus populaires, et l'éclat de ses premières représentations fut considérable, à cause surtout des 'horreurs' du dernier acte. *Béverlei* est aussi le moins typique de tous les drames dont nous avons fait mention, et mérite donc notre attention en raison de cette originalité. Car, bien que les formes anglaise et allemande du genre soient généralement tragiques, le drame français s'apparente plutôt à la comédie, et a donc une fin heureuse. Dans *Béverlei*, Saurin suit sa source anglaise et écrit, comme nous l'indique son titre, une tragédie bourgeoise(4).

---

(1) Voir M. Lioure, *Le Drame de Diderot à Ionesco* (Paris, 1973).

(2) C'est plutôt à la télévision que ces caractéristiques ont tendance à persister dans notre culture contemporaine.

(3) Ceux qui ont lu son troisième drame, *Les Pères malheureux*, comprendront la force de ce 'presque'.

(4) Les désignations des premiers drames sont souvent problématiques. Le terme *drame* n'étant pas établi, ceux-ci portaient le plus souvent la désignation *comédie*. Landois, dans *Silvie*, et Diderot, dans *Les Pères malheureux*, emploient le mot *tragédie* pour des pièces qui sont plus sombres que

Saurin rejette l'exemple de son modèle, ainsi que l'avis de son ami Diderot, selon lequel tout drame devrait être écrit en prose, en prenant la décision frappante (et presque anachronique) d'écrire une des rares pièces françaises en vers libres. Ainsi l'artificialité conventionnelle et presque classique de la forme a tendance à conférer une certaine respectabilité artistique à un sujet qui pourrait suggérer un fait divers sensationnel, tout en permettant à Saurin de conserver l'énergie et la liberté que mérite cette intrigue horrifiante.

Mais notre intérêt pour cette pièce ouvre aussi de plus vastes perspectives. L'influence de la tragédie bourgeoise anglaise sur le drame fut énorme. *The Gamester*, pièce de Edward Moore, est non seulement la meilleure du genre, mais elle est aussi celle qui provoqua le plus grand nombre d'imitations littéraires en France. Il existe trois traductions du texte de Moore, celles de Diderot, de l'abbé Bruté de Loirelle (la seule des trois à être publiée au dix-huitième siècle), et de Duplat de Monticourt (traduction manuscrite récemment découverte par John Dunkley). Mais c'est l'adaptation de Saurin qui réussit au théâtre et qui établit la réputation de la pièce anglaise en France. Cette réussite ne fut quand même pas sans ambiguïté. Sa réputation dura assez longtemps pour prouver qu'il ne s'agissait pas d'un simple succès de scandale, mais les mérites littéraires de l'ouvrage furent d'emblée éclipsés par l'horreur provoquée par les émotions fortes du dernier acte, et surtout par le monologue du héros quand il boit du poison pour se suicider et puis (et voilà l'important) pense tuer son fils pour lui épargner les peines de la vie. La réaction à cette scène fut telle que Saurin lui-même essaya à plusieurs reprises de l'adoucir; et, dans le même but, d'Alembert écrivit son monologue *Le Joueur dans sa prison*.

Béverlei est peut-être trop osé pour être considéré comme un drame typique, mais c'est en conséquence celui qui s'approche le plus des situations fortes et des émotions exagérées proposées par Diderot, créateur du drame, dans ses oeuvres de théorie dramatique. Selon l'avis de Jacques Chouillet: '*Béverlei*, sans doute, correspond à la pièce dont Diderot a rêvé toute sa vie'(5). Cette pièce serait donc celle qui exprime le mieux les aspirations du genre.

L'AUTEUR

Né en 1706, Bernard-Joseph Saurin mourut le 17 novembre 1781 âgé de 76 ans. Collaborateur du *Journal des savants*, son père subit la malheureuse expérience d'être impliqué dans l'affaire des couplets de 1712 au lieu du vrai coupable Jean-Baptiste Rousseau. Il fit six mois de prison avant d'être libéré par le Parlement. Malgré les intérêts littéraires de Bernard-Joseph Saurin, il fut forcé par sa situation financière de poursuivre une carrière plus stable. Il fut d'abord avocat au Parlement, ensuite secrétaire du duc

---

la plupart des drames, sans être vraiment tragiques. Dans le cas de *Béverlei*, par contre, l'emploi du terme est parfaitement justifié.

(5) Voir l'introduction à son édition du *Joueur* de Diderot: Diderot, *OEuvres complètes*, éd. H. Dieckmann, J. Proust, J. Varloot et autres, 33 vol. (Paris, 1975-), XI, pp. 317-450 (p. 333).

d'Orléans à qui est dédié *Béverlei*. Ce ne fut qu'à l'âge de 37 ans qu'il lui fut permis de satisfaire son goût pour les lettres grâce à l'aide de son ami Helvétius, qui le força à accepter une pension de mille écus. Le succès au théâtre ne fut pas immédiat: ni la comédie des *Trois Rivaux*, avec laquelle il débuta, ni la tragédie d'*Aménophis* n'eurent aucun succès. *Les Trois Rivaux* eut six représentations en 1743 avant de disparaître entièrement du répertoire, *Aménophis* représenté en 1750 n'en reçut qu'une seule(6). Mais la célébrité arriva avec ses pièces suivantes, la comédie *Les Moeurs du temps* et la tragédie *Spartacus*, représentées toutes les deux en 1760. A la suite de cette réussite, il devint l'année suivante membre de l'Académie. *Blanche et Guiscard*, basé sur la tragédie anglaise de Thomson *Tancred and Sigismunda*, suivit en 1763; en 1765, ce fut *L'Orpheline léguée*, et puis *Béverlei*, basé sur la tragédie anglaise de Moore *The Gamester*, en 1768. *L'Orpheline léguée*, qui n'avait eu aucun succès dans sa version originale en trois actes, fut redonné dans une version nouvelle en un seul acte en 1772. Le succès fut plus grand, mais guère plus durable(7). Le nouveau titre de cette version, *L'Anglomane*, révèle mieux que l'original le sujet paradoxal de cet ouvrage: il s'agit d'une satire sur l'engouement du public français pour la littérature anglaise, engouement dont Saurin avait, lui-même, bien su profiter. Sa dernière pièce de théâtre, *Le Mariage de Julie*, aussi écrite en 1772, fut refusée par les comédiens.

Quoique succès moins durables que les deux chefs-d'oeuvre de Sedaine, *Le Philosophe sans le savoir* et *La Gageure imprévue*, ou encore *Le Père de famille* de Diderot, la réputation de ses meilleures pièces semblait établie jusqu'à la relâche forcée de la Comédie Française due à la Révolution. La popularité de Sedaine et de Diderot continua sans changement après la réouverture en 1799, mais Saurin ne se rétablit pas, et il n'y eut que sept représentations de ses pièces, courte reprise se terminant sur les deux dernières de *Béverlei* en 1819. Des éditions de *Béverlei* continuèrent à paraître jusqu'en 1825.

Bien que sa réputation soit fondée de nos jours presque exclusivement sur trois de ses pièces, *Béverlei*, *Spartacus* et *Les Moeurs du temps*, Saurin écrivit aussi des poésies, des épîtres (notamment les *Epîtres d'Héloïse à Abeilard*, imitées de Pope (1774)), et des romans et contes (par exemple *Mirza et Fatmé, conte indien* (1764)).

---

(6)   Il s'agit toujours de représentations à la Comédie-Française. Statistiques de A. Joannidès, *La Comédie-Française de 1680 à 1900: Dictionnaire général des pièces et des auteurs* (Paris, 1901).

(7)   Onze représentations dans l'année de sa création (1772), deux en 1773, deux en 1774, et une seule et dernière représentation en 1775.

TABLE

Histoire des pièces de Saurin à la Comédie-Française

TITRE	NOMBRE DE REPRESENTATIONS	PREMIERE REPRESENTATION	DERNIERE REPRESENTATION
Les Trois rivaux	6	1743	1743
Aménophis	1	1750	1750
Les Moeurs du temps	70	1760	1805
Spartacus	28	1760	1818
Blanche et Guiscard	18	1763	1786
L'Orpheline léguée	5	1765	1765
version révisée de la même pièce:			
L'Anglomane	16	1772	1775
Béverlei	75	1768	1819
Le Mariage de Julie	0	--	--

SOURCES DE BEVERLEI

En 1753 Edward Moore publia sa tragédie du *Gamester*, pièce écrite dans le même goût sentimental, domestique et moralisateur que *The London Merchant* de George Lillo ou que les romans de Samuel Richardson. La popularité des comédies larmoyantes de Nivelle de La Chaussée et de la pièce de madame de Graffigny *Cénie* nous montre assez que la sentimentalité était à la mode en France comme en Angleterre, mais l'aspect didactique de ces oeuvres anglaises les apparentaient, plus que les ouvrages français, au drame proposé par Diderot. Ce ne fut qu'en 1757 que Diderot exposa la théorie de ce nouveau genre dans les *Entretiens sur 'Le Fils naturel'*, et ces trois auteurs anglais avaient exercé sur lui une influence profonde. Malgré les ressemblances non seulement de style, mais aussi d'intrigue, la pièce de Moore est mieux écrite que celle de Lillo. Il n'est donc pas surprenant que, manquant de temps (et peut-être aussi de courage) pour écrire une tragédie domestique après les efforts et les déceptions du *Fils naturel* et du *Père de famille*, Diderot décidât de traduire *The Gamester* pour illustrer les possibilités tragiques de son nouveau genre.

L'influence de Diderot dans la composition de *Béverlei* est importante, mais s'il fut le premier, il ne fut pas le seul à traduire en français la pièce de Moore. La traduction de Diderot date de 1760, mais ne fut jamais publiée du vivant de l'auteur. En 1762, parut la traduction de l'abbé Bruté de Loirelle. Quelques années plus tard, écrivant sur la traduction de Diderot, Grimm fit la comparaison de ces deux versions: 'On imprima presque en même temps [que Diderot termina la sienne] une autre traduction de cette pièce, peut-être plus fidèle, parce que M. Diderot ne se fait jamais faute d'ajouter ce qui peut se présenter de beau sous sa plume; mais cette seconde traduction étant d'ailleurs maussade, la pièce ne fit pas plus de sensation en France qu'en Angleterre' (*CL*, VII, p. 75, 15 mai 1768)(8). Evidemment Grimm flatte son ami, mais son jugement a néanmoins une certaine vérité: la traduction de Diderot a toute l'énergie stylistique qui est typique de ce grand auteur, mais parfois il développe trop le texte original, et, pour le lecteur moderne, les beautés dont parle Grimm seraient plutôt des excès. Cette version est, quand même, moins libre que l'on a souvent suggéré. Il n'y a, par contre, aucune raison pour mettre en question la fidélité de la version de Loirelle, mais, moins doué que Diderot, il écrit dans un style dont la comparaison des deux auteurs met en relief la médiocrité(9).

---

(8) Grimm se trompe en suggérant que la pièce de Moore n'eut aucun succès en Angleterre (voir C. H. Peake et P. R. Wilkelund, *The Gamester*, édition de 1756, The Augustan Reprint Society, 5e série, 1 (Michigan, 1948)).

(9) Au sujet de la traduction de Diderot, voir Donald Schier, 'Diderot's translation of *The Gamester*', dans *Diderot Studies*, XVI (1973), pp. 229-40. Sur les deux traductions et la pièce de Saurin voir John Dunkley, *Gambling: a social and moral problem in France, 1685-1792*, Studies on Voltaire and the Eighteenth-Century, 235 (Oxford, 1985), pp. 167-178, et Derek Connon, *Innovation and renewal: a study of the theatrical works of Diderot*, Studies on Voltaire and the Eighteenth Century, 258 (Oxford, 1989), pp. 77-99. L'ouvrage de Dunkley donne aussi des renseignements indispensables sur le rôle du jeu dans la société française du dix-huitième siècle. C'est à cause de l'existence de cette étude importante que je n'ai pas cru nécessaire d'aborder cet aspect du sujet

Il est clair que Saurin connaissait la traduction de Loirelle: seule version publiée, ce ne peut être que de celle-là que Saurin parle dans l'avertissement de sa pièce: 'Au reste, la Pièce Anglaise a été traduite, & la traduction est dans les mains de tout le monde; chacun peut en juger, comparer l'original avec l'imitation, & apprécier mon travail' (S, p. 4). Cependant, jusqu'à date récente, tout indiquait que Saurin avait basé sa tragédie sur la version de Diderot. Par exemple, deux lettres écrites à madame d'Epinay par Diderot pour accompagner le manuscrit de la traduction nous indiquent non seulement que Saurin était présent chez elle à cette époque, mais aussi que Diderot attendait son opinion de son ouvrage:

> Je vous propose à tous, à vous, ma bonne amie, à Sauron [sic], et à
> Grim [sic] d'en faire tout ce qu'il vous plaira(10).

> J'attens votre jugement et celui de Mr. Saurin et de Mr. le Ministre
> sur le tout(11).

Quelques années plus tard, dans son compte rendu de *Béverlei*, écrit à l'occasion de la première représentation, Grimm nous assure que Saurin avait basé sa pièce sur la traduction de Diderot: 'M. Saurin s'empara du manuscrit de M. Diderot, et, après s'être assuré que celui-ci ne comptait en faire aucun usage, il entreprit d'enrichir la scène française de cette pièce' (*CL*, VII, p. 75, 15 mai 1768). Grimm parle même de conseils personnels donnés par Diderot à Saurin, et critique le peu d'usage que Saurin en a fait (CL, VII, pp. 81-2, 15 mai 1768).

Les conclusions à tirer de cette information semblaient claires, jusqu'à la découverte par John Dunkley, dans les archives de la Comédie-Française, de la traduction manuscrite de Duplat de Monticourt, qui porte l'annotation suivante ajoutée à la page de garde d'une main autre que celle de l'auteur:

> Cette traduction du Joueur Anglois est de Mr. Duplat de
> Monticourt. elle a le merite d'etre parfaittement fidelle, et d'avoir
> servi de modele au Beverley de Mr. Saurin à qui Mr. de Monticourt
> preta ce manuscrit.

Il s'agit maintenant d'essayer d'établir laquelle des deux traductions, celle de Diderot ou celle de Duplat de Monticourt, est le modèle sur lequel est basée l'adaptation de Saurin.

Notre première indication se trouve tout au début de la pièce: au début de la première scène Moore ne donne aucune indication scénique, et, par conséquent, il n'y en a pas dans

---

dans cette introduction.

(10) *Correspondance*, éd. G. Roth et J. Varloot, 16 vol. (Paris, 1955-70), III, pp. 37-8 [c. 20 juillet 1760].

(11) *Correspondance*, III, p. 39 [26, ou fin juillet 1760].

la traduction fidèle de Monticourt. Diderot, par contre, ajoute l'indication suivante: 'Le théâtre représente un appartement démeublé' (D, p. 341), et dans *Béverlei* il y en a une, un peu plus développée, mais qui lui ressemble beaucoup: 'Le Théâtre représente un Sallon mal meublé, & dont les murs sont presque nuds, avec des restes de dorure' (S, p. 6). Les mots 'dont les murs sont presque nuds' préparent une phrase prononcée par madame Béverlei, qui, elle aussi, semble s'inspirer directement de la traduction de Diderot. Dans la première réplique de Mrs Beverley dans le texte de Moore nous lisons:

> And now, methinks, the Lodgings begin to look with another Face. O Sister! Sister! if these were all my Hardships; if all I had to complain of were no more than quitting my House, Servants, Equipage and Shew, your Pity would be Weakness. (M, p. 163)

Monticourt traduit assez fidèlement:

> Il me semble meme que cet appartement cy prend une face nouvelle... ah ma soeur! ma soeur! Si c'étoit la tout mon malheur.... Si je n'avois a regretter que ma maison, mes domestiques, mes equipages, mes ajustements, votre compassion me paroitroit une foiblesse (DM, p. 1)

Mais Diderot est un peu plus libre:

> Déjà même je suis moins sensible au spectacle du désordre qui m'entoure. Mes yeux se font à voir des murailles nues. O chère soeur, chère soeur, si je n'avais à supporter que la perte de ma fortune, le renvoi de mes gens et la chute de ma maison; s'il ne s'agissait que de quitter un équipage, et que de renoncer au faste et à son éclat, votre pitié pour moi serait une faiblesse. (D, p. 341)

C'est la phrase 'Mes yeux se font à voir des murailles nues', ajoutée par Diderot, et qui n'a donc pas d'équivalent ni dans l'original anglais ni dans la traduction de Monticourt, qui semble inspirer non seulement la phrase de la direction scénique, mais aussi deux vers de la tirade équivalente dans la pièce de Saurin, la deuxième réplique de madame Béverlei:

> Mes yeux à cet éclat s'étoient accoutumés,
> A voir ces murs tout nuds ils se sont faits de même.
> (S p. 7)

Et ce n'est pas le seul endroit où il est évident que c'est la traduction de Diderot que Saurin suit. Nous pouvons relever les exemples suivants:

Moore:

  I have never upbraided him. (M, p. 167)

Monticourt:

  Je ne l'ay jamais grondé de ma vie. (DM, p. 18)

Diderot:

  Songez que je suis son épouse, et qu'il n'a pas encore entendu de
  ma bouche un reproche. (D, p. 349)

Saurin:

      Béverlei, consolé par moi,
   De ma bouche jamais n'entendit un reproche. (S, p. 15)

Ou bien:

Moore:

  That *Beverley*'s a poor Man, with a rich Friend - that's all.
  (M, p. 170)

Monticourt:

  Je veux dire que Bewerley est un homme pauvre, qui a un ami
  riche, voyla tout. (DM, p. 30)

Diderot:

  Je veux vous dire que si Beverley s'est ruiné, vous vous êtes
  enrichi, et voilà tout. (D, p. 355)

Saurin:

     Vous vous enrichissez, dit-on,
     Lorsque Béverlei se ruine. (S, p. 20)

Au début de la septième scène du deuxième acte de sa traduction, Diderot ajoute, encore
une fois, une indication scénique, là où il n'y en a ni dans le texte de Moore, ni par
conséquent dans celui de Monticourt: 'courant à son mari les bras ouverts' (D, p. 374). Au
début de la scène équivalente dans la pièce de Saurin (acte II, scène 5) nous trouvons à peu
près la même indication: 'sortant avec Tomi, & courant à son mari' (S, p. 34).

  Pour le texte de la lettre que Stukely envoie à Beverley vers la fin du deuxième acte,
selon une convention assez souvent employée, Saurin abandonne les vers libres pour écrire
en prose. Le chercheur pourrait espérer qu'à ce point Saurin suivrait son modèle sans
changement. Malheureusement ce n'est pas le cas, et pour la majeure partie de cette courte
épître, l'on aurait de la peine à établir lequel des deux auteurs a inspiré le texte. Mais il y a
une exception: à la fin de cette lettre Diderot reste bien plus fidèle à l'original que

Monticourt, mais, pour résoudre le problème créé pour le traducteur par la structure de la phrase anglaise, il doit ajouter le mot 'ami'. Encore une fois nous trouvons que ce changement est conservé dans la version de Saurin:

Moore:

> Keep this a Secret at Home, and hasten to the ruin'd
>
> R. *Stukely*.
>
> (M, p. 184)

Monticourt:

> Que cecy soit secret chez vous. Et ne vous exposez pas davantage pour moi.... Stukely. (DM, p. 80)

Diderot:

> Gardez-moi le secret, et venez embrasser votre ami ruiné.
>
> Stukely
>
> (D, p. 378)

Saurin:

> Ainsi n'en dites rien à Madame Béverlei, & hâtez-vous de venir recevoir les adieux de votre ami ruiné,
>
> STUKELI.
>
> (S, p. 39)

L'influence de la traduction de Diderot sur la pièce de Saurin semble certaine.

J'ai relevé ailleurs l'exemple d'une phrase où la version de Saurin est plus proche de l'original de Moore que de la traduction de Diderot(12). Ecrivant cette autre étude à une époque où je n'avais aucune connaissance de la traduction de Duplat de Monticourt et aucune raison de supposer que Saurin avait pris pour source la version de Loirelle, je suggérai deux explications possibles de ce phénomène: Il est possible que Saurin ait travaillé conjointement avec la traduction de Diderot et le texte original anglais, mais il me semblait plus probable que Saurin avait imité une version antérieure du texte de Diderot, qui était plus proche du texte de Moore que celle que nous possédons(13). Mais on peut

---

(12) *Innovation and renewal*, p. 95.

(13) Nous savons, par des lettres envoyées à madame d'Epinay en juillet 1760 et citées ci-dessus, que Saurin vit la première version de la traduction de Diderot. Trois lettres à Sophie Volland nous indiquent qu'il remania son texte en septembre de la même année: 'Je ne sçais si je n'irai pas la semaine prochaine passer quelques jours à la Chevrette. Ils veulent tous que je raccommode *le Joueur* et que je le donne aux François. Ce sera là mon occupation' (*Correspondance*, III, p. 57); 'J'ai passé la journée du lundi à mettre un peu d'ordre dans mon coffret. [...] J'y trouverai *Le Joueur*, qu'ils m'exhortent tous à ajuster à nos moeurs. C'est une grande affaire' (*Correspondance*, III, p. 63); 'Je ne crois pas que les changemens que notre goût présent exige fussent aussi considérables que vous l'imaginiez' (*Correspondance*, III, p. 79). Nous possédons quatre états du texte de Diderot: un manuscrit autographe, des corrections autographes sur ce

aussi supposer que Saurin ait effectivement employé un deuxième texte, et que ce texte fût non pas celui de Moore, mais la traduction de Monticourt.

Moore:

> Of one, who walking in a Dream, fell down a precipice.
> (M, p. 176)

Diderot:

> Comme d'un noctambule qui est tombé du faîte de sa maison.
> (D, p. 365)

Monticourt:

> Comme d'un somnambule qui s'est jetté dans un precipice...
> (DM, p. 50-1)

Loirelle:

> Comme d'un homme qui s'étant levé la nuit dans un songe est
> tombé dans un précipice. (L, 59)

Saurin:

> Comme un homme
> Qui dans un précipice en rêvant s'est jetté. (S, p. 36)

Le mot 'precipice', ou son équivalent français, est présent dans toutes les versions sauf dans celle de Diderot. Nous remarquons la présence du participe 'jetté' dans les textes de Monticourt et de Saurin, mais, bien que le mot 'somnambule' soit une traduction légitime des mots 'one, who walking in a Dream', les mots 'en rêvant' du texte de Saurin (aussi bien que 'dans un songe' dans celui de Loirelle) restent plus près du texte de Moore. Il existe encore un exemple d'une phrase de la pièce de Saurin qui est plus proche du texte de Moore que la traduction de Diderot:

Moore:

> A ruin'd Friend - ruin'd by too much Kindness. (M, p. 182)

Diderot:

> J'ai... la ruine d'un ami là; elle fut amenée par mon avarice et par sa
> faiblesse. (D, p. 375)

---

manuscrit, une copie de ce manuscrit (mais avec des erreurs de copiste), des corrections de Diderot sur cette copie. Même si les changements de septembre 1760 ne furent pas considérables, les corrections sur ces deux manuscrits semblent être de simples retouches, plutôt que le remaniement dont Diderot parle à Sophie, et il est donc tout à fait possible que la première version de la traduction ait été perdue. Evidemment, une version de la traduction remaniée dans le goût français risque d'être moins fidèle au texte de Moore que la version originale.

Monticourt:

> Un ami ruiné, et qui s'est ruiné par amitié pour moy
> (DM, p. 73)

Loirelle:

> Un ami ruiné,... ruiné par un excès d'amitié. (L, p. 80)

Saurin:

> Qui s'est perdu pour moi par excès d'amitié. (S, p. 36)

Ici les mots 'too much' du texte original de Moore, qui subsistent, dans les versions de Loirelle et de Saurin, sous la forme du mot 'excès', ont tout à fait disparu de la traduction de Monticourt. S'il fallait choisir une deuxième source française pour la pièce de Saurin en se basant sur ce seul exemple, ce serait évidemment la traduction de Loirelle qu'il faudrait retenir, mais ce choix ne serait pas tout à fait confirmé par l'exemple précédent, où les ressemblances sont moins précises. En fin de compte je ne vois aucune raison pour abandonner mes deux hypothèses originelles. Il semble raisonnable de conclure que la suggestion que nous trouvons sur le manuscrit de la traduction de Duplat de Monticourt, à savoir que son ouvrage avait 'servi de modele au Beverley de Mr. Saurin à qui Mr. de Monticourt preta ce manuscrit', est fausse.

LA PIECE

Le travail de Saurin pour transformer *The Gamester* de Moore en pièce de théâtre française fut surtout une opération consistant à rogner. Il s'agissait de réduire les lieux de l'action, le nombre des personnages, la durée de la pièce, qui dans sa version originale a les proportions extravagantes qui sont typiques du théâtre anglais mais non pas du classicisme français. La durée de l'action fut moins problématique, car la pièce de Moore ne dépasse guère la limite des vingt-quatre heures imposée par l'unité de temps. Evidemment dans une telle transformation il y a des pertes, mais on pourrait y voir aussi des avantages. John Dunkley écrit: 'Saurin [...] writes in verse. This, and his greater sensitivity to dramatic interest, enables him to avoid the windy sententiousness of Diderot's play, and he generally excludes the gratuitous reflections on human conduct which had marred it'(14). Le choix de vers libres pour un tel ouvrage est quand même inattendu. Peut-être Saurin a-t-il vu là une possibilité de faire un compromis entre l'alexandrin de la tragédie classique et la prose conseillée par Diderot pour le drame, une forme qui était plus souple que celle de la plupart des tragédies classiques, mais qui conférait à l'ouvrage une dignité qui manquait aux pièces écrites en prose. L'absence de verbosité, normale dans les tragédies domestiques anglaises et dans les drames de Diderot, donne à la pièce de Saurin une énergie et une fatalité tragique qui sont toutes les deux très efficaces. Saurin réussit très bien à transformer la

---

(14) *Gambling in France*, p. 174.

prolixité et la variété de l'original en un ouvrage d'allure très française et très classique.

Mais si la concision et l'énergie sont les avantages de cette transformation, quelles en sont les pertes? La pièce anglaise comporte de nombreux changements de lieu, non seulement d'acte en acte, mais aussi pendant les actes. Evidemment la tradition française ne permettait pas une telle mobilité, mais Saurin reconnut également que le respect de l'unité de lieu était impossible: l'intrigue demande que le suicide de Béverlei soit consommé dans une prison, mais l'impossibilité de conduire le reste des événements dans le même endroit est d'une évidence frappante. Les lieux de l'action sont donc réduits à trois, et les changements ne sont effectués que pendant les entractes: le premier acte, comme la première scène de la pièce de Moore, se déroule dans le salon de la maison de Béverlei, le dernier dans une prison. Mais tout le reste de l'action est situé dans 'une place près de la Maison de Béverlei', lieu anonyme typique du théâtre classique français. Ce changement crée quelques difficultés pour l'adaptateur Saurin, car il devient très difficile de motiver la présence de tous les personnages dans ce même lieu, et la compression des événements souligne le manque de vraisemblance qui en résulte. Les critiques de Grimm à ce sujet sont tout à fait justifiées: 'Les trois premiers actes se consument en allées et venues perpétuelles et inutiles. Les personnages arrivent sans projet et s'en retournent de même, et se tournent toujours le dos lorsqu'ils auraient le plus besoin les uns des autres' (*CL*, VII, p. 77, 15 mai 1768). Le critique du *Mercure de France* fit remarquer le même défaut, mais révèle aussi qu'il est moins exigeant que Grimm: 'On peut remarquer que lorsque la scene se passe dans une place publique, il est toujours assez difficile de motiver les allées & venues des acteurs. Cet inconvénient peut s'observer dans quelques pieces de Moliere; mais lorsque l'action est intéressante, on ne songe gueres à chicaner l'auteur sur cette inexactitude qui n'est pas indifférente pour la perfection, mais qui l'est assez pour le plaisir des spectateurs' (*MF*, juillet 1768, II, pp. 132-3).

Le personnage de Stukéli souffre aussi de cette compression d'événements. Encore une fois les observations de Grimm à ce sujet sont intéressantes. Les personnages purement méchants sont bien moins rares dans les drames français que dans le théâtre anglais. Il serait donc tout à fait naturel, de la part de Saurin, d'avoir essayé d'humaniser le personnage. Selon Grimm c'est précisément ce qu'il fit: '[Il] a tâché de rendre [le rôle] de Stuckely plus supportable, en le montrant tout aussi acharné à la perte de Béverley, mais par un motif différent. Stuckely a été autrefois amoureux de Mme Béverley, son hommage a été rejeté; il a dissimulé son ressentiment et cherche à venger l'amour offensé par la ruine d'un rival préféré' (*CL*, VII, p. 76). En vérité il n'en est rien, et Grimm se trompe, car la même idée est déjà présente dans la pièce de Moore: 'I love his Wife - Before she knew this *Beverley* I lov'd her; but like a cringing Fool, bow'd at a Distance, while he stept in and won her - Never, never will I forgive him for't. My Pride, as well as Love, is wounded by this Conquest. I must have Vengeance' (M, p. 173). Ce qui est plus intéressant, c'est que ce changement ne serait, selon Grimm, qu'un timide compromis, provoqué par une modification bien plus osée qui avait été proposée à Saurin par Diderot:

> M. Diderot avait pourtant trouvé un moyen de rendre ce rôle, non
> seulement supportable, mais théâtral. Il avait conseillé à M. Saurin

de faire de Stuckely un homme généreux, plein de noblesse dans ses procédés, dissipateur d'une grande fortune dont il aurait vu la fin, et de lui donner du reste une passion insurmontable pour Mme Béverley. Il n'aurait rien négligé pour s'en guérir, il se serait exilé volontairement, aurait quitté l'Angleterre et fait son tour d'Europe. De retour, après une longue absence, il se serait logé à l'autre extrémité de Londres, pour être loin d'un objet dont il connaît et redoute le pouvoir; des liaisons d'affaires l'en auraient rapproché malgré lui: alors il aurait succombé, et, profitant de la passion de Béverley pour le jeu, il aurait formé et exécuté, en dépit de ses remords, le projet de ruiner Béverley par le jeu, dans l'espérance, après s'être rendu maître de sa fortune, de le devenir aussi du coeur de sa femme. [...] Sa déclaration eût été reçue avec l'horreur qu'elle devait inspirer à une femme vertueuse. Alors Stuckely, voyant tout son édifice d'iniquités s'écrouler et tomber en ruine, aurait pu, dans son désespoir, jeter le portefeuille qui renferme toute la fortune perdue de Béverley aux pieds de sa femme. La restitution ainsi faite, il aurait pu être tué en duel par Leuson, dans l'intervalle du quatrième au cinquième acte. [...] Tout l'usage que M. Saurin a osé faire de ce conseil se réduit à un peu de passion qu'il a donnée à Stuckely pour Mme Béverley, et dont il n'est question que vaguement dans un monologue. Cette passion est une pauvreté de plus dans la pièce de M. Saurin. (*CL*, VII, pp. 81-2, 15 mai 1768)

Ce Stukely édenté proposé par Diderot serait tout à fait dans le goût du drame, où l'insistance didactique sur la vertu est telle que certains auteurs semblent vouloir bannir de la scène le personnage du méchant non récupérable, pour suggérer que nous sommes tous bons au fond. Il serait permis au lecteur moderne de respecter l'intention de Saurin dans la mesure où il suit la leçon du texte original. Mais il n'en est pas moins vrai que le Stukéli de Saurin reste un personnage assez faible en comparaison de celui de Moore. Dans la pièce anglaise c'est surtout dans ses scènes avec ses deux suppôts, Bates et Dawson, que Stukely révèle ses intentions et ses motivations. Dans la version de Saurin ces deux personnages sont supprimés, et ces scènes réduites à deux brefs monologues. Par conséquent, cette version du personnage ressemble moins à une personnification du mal, tel Iago, qu'à un traître de mélodrame.

Saurin supprime aussi une des actions les plus noires de Stukley, le projet du meurtre de Lewson, événement qui est une source importante de tension vers la fin de la pièce de Moore. Il s'agit, dans la version originale de l'intrigue, de tuer Lewson et puis de rejeter la responsabilité de cette action sur Beverley. Bates et Dawson sont tellement choqués par cet excès de méchanceté, qu'ils ne commettent pas ce crime, et Stukely est trahi. L'absence de cet événement est une perte importante dans le dernier acte de la pièce française, mais Saurin sut trouver un moyen frappant d'y suppléer.

LE MONOLOGUE

La scène qui provoqua la plupart des controverses qui entourèrent les premières représentations de *Béverlei*, et qui, par conséquent, fut la cause principale de son succès, est le monologue de Béverlei dans sa prison, que l'on trouve au cinquième acte. Comme je l'ai suggéré, ce succès fut, au moins en partie, succès de scandale; ce fut surtout ce monologue qui suscita cette réaction. Le critique du *Mercure de France* soulève la différence entre les impressions produites par les quatres premiers actes et celles qui sont inspirées par le cinquième:

> Les quatre premiers actes de l'ouvrage ont fait généralement le plus grand plaisir. Le quatrieme sur-tout est de la plus grande beauté; l'action est attachante, le coeur est toujours intéressé & attendri; il s'en faut bien que l'effet du cinquieme acte soit le même. Une partie des spectateurs a été révoltée; & l'autre, en tolérant l'horreur de ce spectacle, est convenue que l'effet qu'il produit, pese à l'ame & l'accable. Ce partage d'avis & cette différence entre la sensation que les premiers actes ont produite, & celle que fait le dernier, sont déja de grandes présomptions: c'est que l'horreur n'est point un plaisir: c'est que le coeur aime à être effrayé ou attendri au théatre, & non pas à être cruellement blessé; il veut qu'on lui fasse sentir l'humanité, & non qu'on la lui fasse haïr. Les larmes sont délicieuses; le serrement de coeur qui les seche & les tarit, est à charge: les atrocités en tout genre ne sont pas bonnes à présenter aux hommes; celle-ci en particulier n'est point préparée, ne naît point du fond du sujet, elle distrait l'ame de l'intérêt qui l'occupoit. On plaignoit un malheureux dans les remords; on détourne les yeux d'un forcené qui oublie la nature; on nous dit qu'il y a des exemples d'une pareille horreur; que des peres ont tué leurs enfants, soit; mais tout ce qui est horrible est-il intéressant? (*MF*, juillet 1768, II, pp. 146-7)

Charles Collé enregistre une réaction semblable mais plus personnelle:

> On n'y est point attendri, mais oppressé; on n'y pleure pas, on étouffe; on en sort avec le cochemart; j'en eus le soir mal à l'estomach, et il y a apparence que je n'y retournerai de ma vie. Je pense que je ne serai pas le seul à qui elle aura fait ce genre d'impression. (C, III, p. 380, mai et juin 1768)

Mais tout le monde n'était pas du même avis: Bachaumont relève un phénomène qui ressemble assez à l'effet produit par nos films d'épouvante modernes. Le 8 mai, le lendemain de la première représentation de *Béverlei*, il écrit à propos du monologue:

Cette scene, longuement filée, dans laquelle *Beverley* vient à deux reprises pour exécuter son projet effroyable, a tellement serré, déchiré le coeur des spectateurs, & sur-tout des femmes, qu'on y répugne généralement, & qu'on croit que M. Saurin sera obligé de la supprimer ou de l'adoucir. (B, IV, p. 28)

Mais le 11 mai, il fait l'observation suivante:

La Piece de *Beverley* a eu encore plus de succès aujourd'hui que samedi. [...] On a remarqué que presque toutes les mêmes femmes qui avoient assisté à la premiere représentation, étoient revenues à la seconde, malgré les frémissemens convulsifs qu'elles avoient éprouvés. (B, IV, p. 29)

Cette situation s'accorde très bien avec ce que Bachaumont avait fait remarquer au sujet du genre de la pièce quelques jours avant la première représentation:

Ce genre, à coup sûr, n'auroit pas réussi jadis; mais le François commence à regarder avec intrépidité les scenes atroces, & si son ame n'a pas plus d'énergie qu'autrefois, son oeil en supporte au moins davantage dans l'action théâtrale. (B, IV, pp. 22-3, 1 mai 1768)

Le suicide de Beverley dans la pièce de Moore a lieu pendant un assez court monologue, dont la puissance affective dérive en grande partie de son caractère restreint. Le début du monologue de Saurin se base sur le texte de Moore. Jacques Chouillet a parfaitement raison de relever l'influence du *Hamlet* de Shakespeare sur Saurin, mais il ne s'agit peut-être pas d'une influence directe: cette influence est déjà présente dans le texte de Moore et est fidèlement imitée par Diderot. Par exemple, dans les trois versions, Beverley, tout comme le Claudius de Shakespeare, essaie de prier et n'y arrive pas. Cet événement est suivi (ou, dans le texte de Saurin, précédé) par un souvenir du soliloque 'To be or not to be':

Shakespeare:

> To die, to sleep -
> No more - and by a sleep to say we end
> The heartache, and the thousand natural shocks
> That flesh is heir to. 'Tis a consummation
> Devoutly to be wished. To die, to sleep -
> To sleep - perchance to dream; ay, there's the rub,
> For in that sleep of death what dreams may come
> When we have shuffled off this mortal coil,
> Must give us pause(15).

Moore:

> O, that the Grave wou'd bury Memory as well as Body! For if the
> Soul sees and feels the Sufferings of those dear Ones it leaves
> behind, the Everlasting has no Vengeance to torment it deeper. (M,
> p. 217)

Diderot:

> Et pourquoi le même tombeau qui scelle l'homme, ne scelle-t-il pas
> aussi sa mémoire?... mais si l'on voyait de là le sort et la peine de
> ceux qu'on a laissés, si on les entendait, quel tourment!... (D, p.
> 437)

Saurin:

> Je vais m'endormir dans la tombe...
> M'endormir!... Si la mort, au lieu d'être un sommeil,
> Etoit un éternel... & funeste réveil!
> Et si d'un Dieu vengeur... (S, p. 78)

Ce qui frappe ici, c'est que Saurin a retrouvé la même métaphore que Shakespeare. S'agit-il d'une simple coïncidence, dans laquelle Saurin, qui cherchait une image plus poétique que celle de Moore et Diderot choisit à tout hasard la même que Shakespeare? Ou bien, Saurin connaissait-il assez bien Shakespeare pour reconnaître cette réminiscence chez Moore et décider de la rendre plus précise? L'on ne saurait dire.

C'est ce qui suit qui est l'innovation de Saurin. Il nous a déjà présenté Tomi, fils de Beverley, dans quelques courtes scènes de caractère très sentimental. Au début du cinquième acte ce fils se trouve endormi dans la prison. Voilà ce qui arrive dans la première version du monologue: Béverlei, après s'être empoisonné, aperçoit son enfant et, réfléchissant sur le sort qu'il lui a préparé, décide qu'il vaudrait mieux qu'il meure plutôt que d'éprouver les souffrances que lui prépare la vie. Il sort son poignard, mais n'ose pas continuer, et il a quelques moments d'indécision, avant de le lever sur son fils. Mais à ce moment l'enfant se réveille et Béverlei ne peut plus accomplir le meurtre.

Evidemment les réactions à cette scène inquiétèrent Saurin, car dès la deuxième représentation il modifia la tirade. Il transposa quelques vers et en supprima quelques autres, de sorte que Béverlei sort son poignard, mais se rend immédiatement compte qu'il ne peut pas tuer son fils, et l'enfant se réveille(16). C'est cette deuxième version du

---

(15) *The Complete Works*, éd. A. Harbage et autres (London, 1969), p. 950-51.

(16) Quand Béverlei dit: 'Ce fer... Tuer mon fils!', vers que nous trouvons dans ces deux versions du monologue, il est clair qu'il sort son poignard, mais il n'y a aucune indication scénique pour signaler qu'il menace son fils. L'indication 'Il leve le fer sur son fils', qui arrive plusieurs vers plus tard dans la première version de la tirade, est supprimée dans la deuxième version. Ainsi, d'après le seul texte, le geste mélodramatique de lever le poignard ne serait fait qu'une fois dans la version originale et pas du tout dans la version revue. Le témoignage de Bachaumont, par contre, suggère que dans les représentations à la Comédie-Française le même geste accompagnait

monologue que l'on trouve dans le texte principal des premières éditions de la pièce, mais la version originale figure en note. Dans l'édition de 1769 la note disparaît. La 'nouvelle édition' de 1770 apporte de légers changements à la deuxième version du monologue, dont le plus frappant est le trait sentimental qui remplace l'indication scénique au moment où Béverlei devient conscient de la présence de son fils dans la prison. Dans les deux premières versions du texte nous trouvons la simple indication: 'Il fait quelques tours & apperçoit son fils'. Dans cette troisième version l'enfant attire l'attention de son père en prononçant en rêve les mots 'mon papa'. Ce changement subsiste dans une quatrième version du texte que nous trouvons dans cette même édition, mais cette fois en appendice. Il s'agit ici d'une nouvelle version du dernier acte qui donne à la pièce une fin heureuse en modifiant le monologue au moment où Béverlei boit le poison. Dans cette version il est interrompu à ce moment même par les paroles de son fils rêvant. Quand plus tard il va essayer une deuxième fois de le boire, il sera arrêté par Jarvis. Dans les trois autres éditions de la pièce publiées du vivant de Saurin (en 1774, 1776 et 1778), c'est toujours la deuxième version de ce monologue que nous trouvons, et il en sera de même dans la première publiée après sa mort, celle de 1783 dite 'conforme à la représentation', bien que nous trouvions aussi dans cette édition, pour la première fois depuis celle de 1770, l'appendice qui donne la version heureuse du dernière acte. Mais si la Comédie-Française préférait la deuxième version du monologue, il semble qu'il n'en fut pas de même en province, car une édition dite également 'conforme à la représentation', publiée en 1785 à Toulouse où la pièce avait remporté un grand succès, et qui devrait donc refléter la pratique théâtrale dans cette ville, ne reproduit que la version heureuse du dernier acte(17).

Et Saurin ne fut pas le seul à attraper cette manie du remaniement: d'Alembert aussi, dans son petit ouvrage *Le Joueur dans sa prison: Essai de monologue dramatique*, fournit une tirade qui pourrait remplacer celles de Saurin. D'Alembert écrit lui aussi de l'horreur provoquée par la scène originale:

> On sait que dans le drame très-intéressant et très-moral de
> BEVERLEY, ce joueur malheureux, après avoir tout perdu, après
> avoir réduit à la mendicité sa femme et ses enfans, est renfermé par
> ses créanciers dans une prison, où il s'empoisonne pour se délivrer
> de la vie. Le monologue qui dans la pièce anglaise annonce cette
> catastrophe, est plein des expressions les plus vives de l'horreur et
> du désespoir. L'effet qu'il produit au théâtre, et qui a paru trop
> violent à un grand nombre de spectateurs, leur a fait demander, s'il
> ne serait pas possible d'y substituer une scène moins terrible et plus

---

les paroles 'Ce fer... Tuer mon fils!'. Il écrit le 11 mai 1768 au sujet de la deuxième représentation: 'La Piece de *Beverley* a eu encore plus de succès aujourd'hui que samedi. L'auteur a adouci la férocité du dernier acte, en ne faisant lever au *Joueur* qu'une fois le poignard sur son fils; il s'attendrit tout-à-coup, l'embrasse, &c' (B, IV, p. 29).

(17) Voir Dunkley, *Gambling in France*, pp. 172-3.

touchante(18).

Ce terme 'la pièce anglaise' suggère que d'Alembert ne connaissait pas la pièce originale de Moore, et il est certain que le monologue qu'il écrit est loin d'être un retour soit à la vraie version anglaise, soit à la traduction de Diderot. D'Alembert supprime le personnage de Tomi, et par conséquent tout cet aspect de la scène qui provoqua l'horreur (et l'intérêt) du public contemporain. Il s'ensuit qu'il y a certaines ressemblances avec le texte de Moore, car sans l'innovation de Saurin les possibilités qu'offre un monologue pendant lequel un personnage s'empoisonne sont assez limitées. A la différence des héros de Moore et de Saurin, qui ont tous les deux pris la décision de se tuer avant le début de la scène, celui de d'Alembert discute pendant deux longues pages avant de se décider. Les héros de Moore et de Saurin essaient de prier, mais n'y arrivent pas, celui de d'Alembert explique longuement à l'Etre suprême les raisons de sa décision et il demande le pardon divin. Les héros de Moore et de Saurin ont des inquiétudes face à la mort, celui de d'Alembert ne compte trouver que la paix. Si les inquiétudes du Beverley de Moore provoquent la pitié, et si les actions du Béverlei de Saurin inspirent l'horreur, les élucubrations du personnage de d'Alembert ne créent que l'ennui. Il faudrait aussi remarquer que le monologue fourni par le célèbre mathématicien, qui est écrit en prose, serait d'une utilité douteuse dans la représentation d'une pièce écrite en vers libres.

Selon Bachaumont (B, IV, p. 22, 1 mai 1768) et Grimm (CL, VII, p. 79, 15 mai 1768), Saurin aurait puisé l'épisode de l'enfant dans le roman de Prévost *Le Philosophe anglais; ou, Histoire de Monsieur Cleveland*. Henry Carrington Lancaster identifie un épisode du sixième livre du roman(19). Il vaut peut-être la peine de citer en entier les trois paragraphes qui contiennent les détails imités par Saurin. Le narrateur, victime d'un accès de mélancolie, a décidé de se suicider:

> J'avais le bras levé. Il est certain qu'il n'y avait plus qu'un instant
> d'intervalle entre ma vie et ma mort. Ciel! par quel miracle
> arrêtâtes-vous la pointe de mon épée, qui devait déjà être dans le
> milieu de mon coeur? Un bruit que j'entendis à quelques pas du
> cabinet me fit baisser la main tout d'un coup et cacher derrière moi
> mon épée, de peur d'être perçu. C'étaient mes enfants. Mme Lallin
> et ma belle-soeur, qui avaient cru me trouver plus tranquille qu'à
> l'ordinaire en dînant, les avaient envoyés après moi pour contribuer
> par leurs caresses et par leur badinage à m'entretenir dans ce
> nouvel air de tranquillité. Ils s'approchèrent, et m'embrassant l'un

---

(18) *OEuvres complètes* (Genève, 1967), IV, pp. 475-8.

(19) *French Tragedy in the Time of Louis XV and Voltaire, 1715-1724*, I, p. 327, n. 91. L'épisode dont il s'agit se trouve dans *Le Philosophe anglais; ou, Histoire de Monsieur Cleveland*, éd. P. Stewart, dans *OEuvres de Prévost*, éd. J. Sgard, 8 vol. (Grenoble, 1977-86), II, pp. 288-93.

après l'autre avec les marques d'une tendre affection, ils me prirent les mains, en me faisant quelques questions puériles et innocentes, suivant la portée de leur âge. Je les laissai faire d'abord, et je demeurai dans une espèce d'inaction causée par mon incertitude et ma surprise. Cependant, comme ils continuaient à me caresser et à m'interroger, mon attention se tourna sur eux. Je les regardai pendant quelque temps avec cette tendre complaisance que la nature réveille aisément dans le coeur d'un père. Le plus âgé ne passait pas huit ans, et ils avaient tous deux les grâces les plus aimables de l'enfance. Ils vont me perdre, disais-je en moi-même; ils demeureront après moi sans protection et sans support, abandonnés par une mère dénaturée, et privés de leur malheureux père. Que deviendront-ils? Ma belle soeur et Mme Lallin ont marqué jusqu'à présent de la tendresse pour eux: mais qui me répondra qu'elles la conserveront lorsque je ne serai plus? Un simple mouvement d'amitié fera-t-il dans elles ce que la nature n'a pu faire dans leur mère? O Dieu! pourquoi permettiez-vous que je les misse au monde? Un homme aussi infortuné que moi n'est-il pas une espèce de monstre dans la société des autres hommes? Comment votre sagesse et votre bonté peuvent-elles souffrir que la race s'en perpétue?

Ces réflexions, venant à se joindre avec le noir poison qui circulait dans mes veines et qui infectait mon âme, me conduisirent peu à peu à une des plus affreuses pensées qui soient jamais tombées dans l'esprit humain; et, ce qui paraîtra sans doute incroyable, c'est qu'avançant toujours de raisonnement en raisonnement, je ne tirai point de conclusions qui ne me parussent tenir manifestement aux principes les plus justes et les mieux établis. J'ai résolu de mourir, disais-je, pour finir une vie qui est trop malheureuse pour être supportée avec patience. Je suis convaincu non seulement que le ciel approuve ma résolution, mais que c'est lui-même qui me l'inspire. Or, s'il m'est permis de me donner la mort pour mettre fin à des maux incurables, ne me le serait-il pas de même de me la donner pour prévenir des maux inévitables? Supposons un moment que je ne me trouve que dans ce dernier cas, c'est à dire menacé d'une multitude de malheurs extrêmes et infaillibles: il est évident que tout ce que je puis faire aujourd'hui pour me délivrer d'un mal présent, je le pourrais alors pour me garantir d'un mal futur. Ce cas est précisément celui de mes enfants. Ils ne sont pas nés pour être plus heureux que moi. Leur destinée est trop claire. N'eussent-ils à craindre que la contagion de mes infortunes, ils doivent s'attendre à une vie triste et misérable. Quel meilleur office puis-je donc leur rendre que de leur fermer l'entrée d'une carrière de douleurs en terminant leurs jours par une prompte mort? Ils passeront avec moi à une condition plus heureuse. Ils mourront avec leur père. Si je regarde la mort comme un bien, pourquoi ferais-je difficulté de le partager avec mes chers enfants?

En finissant ce funeste raisonnement, je les pris tous deux dans mes bras, assis encore comme j'étais; et penchant la tête entre leurs visages, je les serrai chacun de leur côté contre le mien. J'agissais sans réflexion, et par le seul instinct de la nature. Je demeurai quelque temps dans cette situation, sans que mon esprit fût arrêté à rien de certain, et sans oser faire le moindre mouvement pour exécuter la sanglante résolution que je venais de prendre. Mon coeur, que je sentais si libre et si tranquille un moment auparavant, s'était appesanti tout d'un coup; et par un effet de ce changement dont je ne m'apercevais point encore, il sortait de temps en temps des larmes de mes yeux. Cependant, lorsque je vins à faire attention à l'incertitude où j'étais, je la regardai comme une faiblesse. Je me levai tout d'un coup. C'en est fait, m'écriai-je; je mourrai, et ils mourront tous deux avec moi. Je suis leur père; le soin de leur bonheur me regarde: une vaine pitié ne m'empêchera point de leur procurer le seul bien qu'ils peuvent recevoir de moi. Je prononçai ces paroles avec un trouble qui ne me permit point de faire attention qu'ils avaient assez de raison pour en comprendre le sens; de sorte que me voyant à la main mon épée nue, que je leur avais cachée jusqu'alors, ils sortirent tout effrayés du cabinet. C'est ici qu'on aura peine à décider lequel est le plus admirable, de ma folle et opiniâtre cruauté, ou du respect et de la soumission de mes pauvres enfants. Irrité de les voir fuir, je les rappelai d'un ton menaçant; et ces timides et innocentes victimes, qui étaient accoutumées à respecter mes moindres ordres, ne balancèrent point à retourner sur leurs pas. Ils vinrent en pleurant jusqu'au cabinet; et s'arrêtant seulement à la porte, ils se mirent à genoux tous deux pour me demander la vie, qu'ils voyaient trop clairement que j'avais dessein de leur ôter. Je ne résistai point à ce spectacle. J'avoue qu'il m'émut jusqu'au fond du coeur. Il n'y a ni sagesse, ni folie qui puisse endurcir contre les sentiments de la nature. Mon épée tomba d'elle-même de mes mains; et loin de penser plus longtemps à égorger mes chers enfants, je sentis que j'aurais sacrifié mille fois ma vie pour défendre la leur. Je me livrai tout entier à ce dernier mouvement. Venez, petits infortunés, leur dis-je en ouvrant tendrement les bras; venez embrasser votre malheureux

père: venez, ne craignez rien. Le désordre de mes sens avait altéré
ma voix, et je m'efforçais inutilement de retenir mes larmes. Ils
vinrent à moi. Je les tins longtemps serrés, avec un transport de
tendresse paternelle. Ils se rassurèrent. Le plus jeune, que j'appelais
Thoms, et pour lequel j'avais toujours marqué un peu de
prédilection, me demanda avec l'ingénuité de son âge pourquoi je
l'avais voulu tuer? Cette question, prononcée d'un ton tendre et
timide, acheva de me percer le coeur. Je ne lui répondis qu'en
l'embrassant de nouveau; et je ne fus capable pendant quelques
moments que de verser des pleurs et de pousser des soupirs(20).

Les ressemblances entre cet épisode et celui de *Béverlei* sont évidentes. Si Saurin
réduit le nombre des enfants à un seul, pour des raisons pratiques évidentes, il conserve
néanmoins à peu près le même nom pour le personnage du fils de Béverlei que celui qui est
donné au seul enfant nommé par Prévost. L'imitation de cette scène dans une tragédie de
sujet anglais fut peut-être inspirée par un détail situé tout au début de l'épisode dans le texte
de Prévost où le narrateur nous informe que le goût pour le suicide est une condition
typique des Anglais:

Je tombai en peu de jours dans la plus dangereuse et la plus terrible
de toutes les maladies. Je ne puis la faire mieux connaître qu'en la
nommant *une horreur invincible pour la vie*. C'est une espèce de
délire frénétique, qui est plus commun parmi les Anglais que parmi
les autres peuples de l'Europe. Mais quoique cette raison le fasse
regarder comme une maladie propre à notre nation, il n'est pas
moins surprenant que j'en aie ressenti des atteintes si pressantes,
moi qui avais passé plusieurs années dans des climats éloignés, et
qui me trouvais d'ailleurs en France, où l'air est si pur que nos
Anglais le vont prendre pour remède contre cette noire disposition
de l'âme(21).

Il y a aussi un rapprochement à faire entre cette scène de la pièce de Saurin et un
ouvrage anglais du même genre littéraire, *The Fatal Extravagance* de Aaron Hill. Nous ne
pouvons pas être tout à fait certains que Saurin connaissait personnellement cette tragédie
domestique, mais nous savons bien qu'elle était connue parmi son cercle d'amis, car
Diderot, l'ami même qui, selon Grimm, donna ses conseils à Saurin au sujet de *Béverlei*,
écrit à Sophie Volland, le 30 septembre 1760, une lettre approbatrice concernant *The Fatal
Extravagance*(22).

---

(20) *OEuvres de Prévost*, II, pp. 290-2.
(21) *OEuvres de Prévost*, II, pp. 288.
(22) Diderot, *Correspondance*, III, pp. 97-114.

Dans cette pièce de Hill, écrite en 1721, le héros Bellmour s'est ruiné au jeu sous l'influence du traître Bargrave. Dans un monologue Bellmour décide que, pour épargner à sa femme et à ses enfants les peines qu'ils auraient à souffrir à cause de ses excès, il devrait les tuer. Ses efforts pour les empoisonner sont contrecarrés par Courtney, oncle de sa femme, mais il n'arrive pas à arrêter Bellmour qui se poignarde.

Moore fut certainement influencé par cette oeuvre de Hill, ce qui explique la plupart des ressemblances entre l'intrigue du *Fatal Extravagance* et celle de *Béverlei*, car il s'agit de ressemblances qui existent déjà dans *The Gamester*. Mais quand nous trouvons que, pour rehausser l'intérêt du dernier acte de *Béverlei*, Saurin emploie précisément la même situation que Moore a laissée de côté dans l'ouvrage de son prédécesseur, peut-on croire à une simple coïncidence? Si les détails de la scène furent puisés dans *Cleveland*, l'idée d'introduire un tel événement à cet endroit précis dans la pièce aurait bien pu être inspirée par *The Fatal Extravagance*. La présence d'une situation analogue dans une pièce d'un auteur anglais comme Hill aurait bien pu confirmer l'opinion de Prévost selon laquelle le goût du suicide est typique de l'Angleterre, et persuader Saurin qu'un tel épisode ferait couleur locale dans sa pièce anglaise. Il serait aussi à remarquer que cette ressemblance avec la pièce de Hill est encore plus frappante dans la version heureuse des événements du dernier acte de *Béverlei*, où Jarvis rend, à peu de choses près, le même service que Courtney, avec cette différence que Jarvis réussit à sauver la vie du héros.

JUGEMENTS CONTEMPORAINS

J'ai déjà fait allusion aux aspects de *Béverlei* qui troublaient les critiques contemporains. Leurs opinions méritent une comparaison détaillée. Si ce fut le monologue du dernier acte qui provoqua le plus de scandale, la problématique de cette scène est dans une certaine mesure inhérente à la question plus vaste concernant le genre de la pièce. Fréron commence son compte rendu de *Béverlei* par une défense éloquente du drame. Mais s'il approuve le genre du drame, il n'aime pas la description générique que Saurin donne, comme sous-titre, à sa pièce:

> Les amateurs de ce genre peuvent lui donner le nom qu'ils jugeront
> à propos; mais je n'aime pas qu'on l'appelle *Tragédie* avec M.
> *Lillo*(23), encore moins *Tragédie Bourgeoise* comme fait M.
> *Saurin*, 1o En l'appellant *Tragédie*, c'est imposer le même nom à
> deux genres différens; c'est identifier les revers éclatans des Rois
> avec les malheurs domestiques des sujets. 2o Ces deux mots
> *Tragédie Bourgeoise* ne sont point faits pour être mariés ensemble.
> (*AL*, 1768, 'Lettre X', pp. 221-2)

Grimm exprime la même critique, mais pour des raisons contraires, car, si pour

---

(23) Fréron est de ceux qui croient (à tort d'ailleurs) que George Lillo fut l'auteur du *Gamester*.

Fréron c'est dénigrer le mot *tragédie* que de l'employer pour un drame tel que *Béverlei*, pour Grimm la pièce mérite ce titre sans l'épithète qui en diminue la force:

> Si *Béverley* est une tragédie, pourquoi est-elle bourgeoise? S'agit-il ici des malheurs qui ne peuvent arriver qu'à des bourgeois? ou bien ce qui est tragique pour des bourgeois est-il comique pour des princes? Il fallait dire tout simplement *tragédie*. [...] Pourquoi cette tragédie s'appelle-t-elle *Béverley*? C'est du nom de son héros. Mais ce nom est celui d'un particulier, et n'est pas un nom historique. [...] Il fallait appeler cette pièce tout uniment *le Joueur*, tragédie, parce que c'est *le Joueur*, tragédie. (*CL*, VIII, p. 74, 15 mai 1768)

Mais pour Fréron il ne s'agit pas ici d'une simple question de nomenclature. Nous avons déjà remarqué que *Béverlei* se différencie de la plupart des drames par sa fin sanglante. Normalement le drame français a une fin heureuse et dépeint le triomphe de la vertu, tandis que les prototypes anglais du genre sont des tragédies dans lesquelles le vice est puni. On pourrait supposer que du point de vue didactique et moral il y a assez peu de différence entre les deux; dans les deux cas nous voyons les avantages de la vertu; la formule anglaise donne même une indication plus frappante des dangers du vice. Mais Fréron se montre partisan de la solution française, et constate même que l'effet de la conclusion à l'anglaise de *Béverlei* est le contraire de ce que nous pourrions supposer:

> La mort de *Béverlei* n'est point nécessaire. Sans doute quelques joueurs se sont défaits eux-mêmes; mais cet excès de rage n'est pas commun; & dès lors le Théâtre ne doit pas l'adopter; à moins que le furieux qui commet cet attentat n'y soit forcé par sa situation; & celle de *Béverlei* demandoit qu'il respectât sa vie. M. *Lillo* & M. *Saurin* n'ont pas vû qu'en le faisant mourir, la vertu, dans leurs Drames, étoit punie & le vice récompensé. (*AL*, 1768, 'Lettre X', p. 223)

Fréron explique longuement ce paradoxe: les personnages vertueux perdent Béverlei, le seul objet de leur dévotion, tandis que pour Béverlei lui-même le suicide est une manière facile d'échapper aux malheurs provoqués par ses actions vicieuses sans faire face à ses devoirs. Et à cette critique sur l'efficacité didactique de la pièce, Fréron en ajoute une autre. Si pour Grimm cette pièce est *Le Joueur, tragédie*, pour Fréron il n'en est rien; dans une observation très bien fondée il signale que les malheurs de Béverlei ne sont nullement provoqués par le jeu:

> Cependant, à bien considérer *Béverlei*, on est tenté d'avoir pour lui plus de pitié que de colère; car enfin ce n'est pas de lui-même qu'il se précipite dans l'abyme; il y est toujours entraîné par ce monstre

de *Stukéli*; ce n'est pas proprement un joueur, c'est une dupe, un
sot. S'il avoit un autre penchant que celui du jeu, s'il aimoit, par
exemple, les femmes, les honneurs, &c, en tombant dans les mains
d'un fripon, il seroit ruiné de même; de sorte que la Pièce pourroit
être très-bien intitulée *L'Homme Foible* ou *L'Ami Traître*. (*AL*,
1768, 'Lettre X', p. 230)

Et Grimm serait lui-aussi en accord avec le fond de cette observation:

On pourrait appeler cette tragédie la pièce des Dupes. Presque tous
les personnages de M. Saurin le sont, sans en excepter ce Stuckely,
si platement méchant; mais les dupes ne sont pas théâtrales, du
moins dans la tragédie. (*CL*, VII, p. 82, 15 mai 1768)

On ne saurait nier que, si l'on avait le talent du neveu de Rameau pour déformer les pièces
didactiques en fonction de sa propre moralité, l'on pourrait très bien s'écrier, 'Sois joueur si
tu veux, mais ne joue pas comme Béverlei; garde-toi de te laisser duper par un faux ami et
tu pourrais très bien gagner'(24). Evidemment une telle conclusion mine la force didactique
de l'ouvrage beaucoup plus sévèrement que tous les autres aspects critiqués à l'époque.

Pour Grimm, comme pour Fréron, Béverlei n'est pas assez sympathique pour que son
suicide puisse nous intéresser:

Je doute aussi que le suicide soit en lui-même intéressant au
théâtre. Il n'est ni moral ni pathétique dans la réalité. [...] Si vous
voulez m'intéresser par un suicide, que ce soit Caton qui se déchire
les entrailles, parce que je vois le destin de Rome lié au sien; mais
que m'importe que M. Béverley s'empoisonne? Je n'y vois qu'un
mauvais sujet de moins dans le monde, et je l'oublie. (*CL*, VII, p.
79, 15 mai 1768)

Et même quelques mois avant la première à la Comédie-Française, après une représentation
privée qui eut lieu au théâtre du duc d'Orléans à Villiers-Cotterets le dimanche 21 juin
1767, Charles Collé fait un commentaire semblable:

Je ne trouve pas le fond de ce sujet intéressant pour un drame
tragique. La passion du jeu et les effets qu'elle peut produire,
quelque terribles qu'ils puissent être, ne peuvent, à mon avis, et
suivant même l'impression que cette pièce m'a faite, affecter l'ame
assez fortement. La bassesse de cette passion et des crimes dont

---

(24) *Le Neveu de Rameau*, dans Diderot, *OEuvres romanesques*, éd. H. Bénac (Paris, 1962), pp. 395-
492 (p. 448).

elle est la suite, ne doit pas effleurer le coeur; d'ailleurs, sur qui se porteroit le foible intérêt de ce drame-ci? sur le joueur? c'est un enragé qui n'a aucune vertu qui rachète ses fureurs vicieuses. (C, III, p. 316)

Ces critiques ont toutes trait au sujet de la violence de la pièce, sujet que j'ai déjà traité dans mon étude du monologue de suicide au cinquième acte de la pièce. Comme nous l'avons vu, les scènes que les critiques croyaient trop révoltantes pour être vues sur scène attiraient des foules de spectateurs. Pour Fréron ce phénomène touchait au fond même du genre, et peut-être du théâtre. Dans un article écrit plusieurs années après la première représentation de la pièce, à l'occasion de la publication des oeuvres complètes de Saurin, il commente ainsi:

> Je n'examine point ici si l'on doit admettre les Tragédies Bourgeoises. Mais il ne faut jamais rien outrer dans aucun genre, il faut atteindre le but sans le passer & ne jamais substituer l'horreur à l'intérêt. Un père prêt à poignarder son fils est un objet plus révoltant que pathétique: cette affreuse pantomime qui fait dresser les cheveux, ne prouve que l'art de l'Acteur & l'impuissance du Poëte. C'est l'abus de ces situations horribles qui a perdu la Tragédie. La bonne compagnie avide d'émotions fortes & de secousses violentes, court en foule contempler les convulsions de *Béverley* & de *Gabrielle de Vergi*, comme la populace court à la Grève contempler les angoisses d'un patient sur la roue. Il n'y a nul mérite à imaginer de pareilles scènes, & cependant on les applaudit avec transport, tandis qu'on ne voit qu'avec la froideur de l'estime les anciens chefs-d'oeuvre de nos grands Maîtres. (*AL*, 1783, 'Lettre X', p. 158)

Collé avait déjà exprimé une opinion semblable à l'époque de la première représentation. Pour lui, la faute en est aux philosophes et aux Anglais, et, dans une phrase qui pourrait faire penser au deuxième des extraits de *Cleveland* cités ci-dessus, il s'en prend jusqu'au caractère anglais:

> Le tableau horriblement exact d'un homme qui veut s'empoisonner; qui, de fait, s'empoisonne; qui, après s'être empoisonné, lève le poignard sur son propre fils, pour le délivrer, dit-il, du fardeau de la vie: ce tableau, peint avec la plus grande vérité, est répugnant à voir; il laisse à l'ame une impression d'horreur, une tristesse sombre et cruelle qui n'est point le plaisir douloureusement agréable que l'on ressent aux belles tragédies; c'est le plaisir inhumain que goûte le peuple aux représentations de

la Grève; c'est le goût anglais; ce peuple mélancolique, cruel, et souvent atroce, veut être remué fortement. Jusqu'ici le Français n'a pas eu besoin de ce *tragicatos* pour être ému et répandre des larmes à nos spectacles; et il faut espérer que cette barbarie et cette ostrogotie ne s'établiront pas chez nous, malgré les efforts de nos philosophes, dont l'insensibilité a besoin de ces objets d'horreur pour être un peu émoustillée. (C, III, pp. 380-1, mai et juin 1768)

Mais si nous passons de cette violence qui horripilait les critiques aux aspects sentimentaux de l'ouvrage, nous trouvons que leurs jugements ne furent guère plus favorables, car le personnage de Madame Béverlei fut presque unanimement jugé trop passif. Fréron, par exemple, trouve de bonnes raisons pour la critiquer:

Madame *Béverlei* aime éperdûment son mari; cela est très-beau; mais est-il vraisemblable que cet amour, depuis sept ou huit ans de mariage, n'aît rien perdu de sa vivacité? Mais conçoit-on qu'un pareil amour subsiste dans toute sa force pour un époux qui nous néglige, qui passe des nuits entières dans un tripot, qui nous ruine de fond en comble? Mais l'indifférence de Mad. *Béverlei* sur le sort de son fils, sur sa propre destinée, sont-elles dans la nature? Mais est-il ordinaire qu'une femme qui a vêcu dans l'opulence, soit insensible à l'enlèvement de ses meubles, à leur vente publique, à l'horreur de la misère, à l'opprobre qui la suit; qu'il ne lui échappe aucune plainte, & qu'elle se console de tout pourvû qu'elle voie son cher mari[?] [...] Vous conviendrez, Monsieur, que cet amour est bien romanesque, & d'autant plus mal imaginé qu'il détruit absolument l'intérêt qu'on pourroit prendre à une femme si tendre & si malheureuse; car enfin on ne peut la plaindre dès qu'elle ne se plaint pas elle-même, & l'on n'est tenté que de lui faire compliment sur son heureux caractère; ou plutôt je ne sçais si l'on n'est pas blessé de cette coupable apathie dans une mère de famille. (*AL*, 1768, 'Lettre X', pp. 233-4)

Et pour le critique du *Mercure de France*, elle est 'd'une résignation trop continue' (*MF*, juillet 1768, II, p. 148).

Les opinions sur le style de la pièce furent plus diverses. Grimm nous indique que 'M. Saurin a écrit sa pièce en vers libres', et il continue ainsi: 'Je pense que cela n'a pas peu contribué à en affaiblir l'effet; on n'est pas dédommagé du défaut d'énergie et de concision, de la prolixité et du bavardage que la versification entraîne, par ces expressions et tournures prétendues poétiques qu'un homme de goût supporte encore plus difficilement' (*CL*, VII, p. 78, 15 mai 1768). Mais selon Charles Collé, 'il l'a écrite en vers libres qui m'ont paru les plus forts qu'il ait faits de sa vie' (C, III, p. 316, juin 1767), et le critique du

Mercure de France nous signale que 'le style est en général naturel & pathétique' (*MF*, juillet 1768, II, p. 149).

Et malgré ces opinions contradictoires, il y eut des voix qui s'élevèrent avec force en faveur de la pièce. Bachaumont affirmait: 'Ce Drame, profondément digéré, a eu un très-grand succès, & le mérite. Il en est peu qui réunissent des actes aussi pleins, avec un sujet aussi simple, une marche aussi rapide, & tant d'action' (B, IV, p. 27, 8 mai 1768). Fréron, comparant la pièce avec l'original de Moore publié en France dans la traduction française de Bruté de Loirelle en 1762, termine ainsi son compte rendu de la première représentation:

> Je n'ai pas prétendu, Monsieur, rabaisser par mes critiques le mérite de *Béverlei*. Malgré toutes celles que j'ai faites & celles qu'on peut faire encore, ce n'est pas un ouvrage médiocre; les mêmes éloges que je donnai en 1762 à l'original, en rendant compte de la traduction en prose, sont dûs à l'imitation en vers de M. *Saurin*. Il a corrigé beaucoup de défauts de son modèle. Quelques uns de ceux qu'il a laissé subsister tiennent peut-être au sujet même. [...] La Pièce étincelle des plus grandes beautés; il y regne, en général, un pathétique, un sombre, une énergie que le pinceau de M. *Saurin* n'a point affoiblis. Le quatriéme Acte est un chef-d'oeuvre, & produit l'effet le plus terrible & le plus vrai. A l'égard de son style, il est simple, aisé, facile, tel que le demande un Drame Bourgeois. Enfin, cet ouvrage par lui-même donneroit une idée très-avantageuse des talens de M. *Saurin*, s'ils n'étoit déja connus par d'autres compositions théâtrales très-estimables. (*AL*, 1768, 'Lettre X', pp. 244-5)

Mais c'est surtout le succès populaire de la pièce qui mérite notre attention. Après la lecture préliminaire chez le duc d'Orléans en 1767 Collé fit preuve d'une grande aversion pour *Béverlei*, mais il écrivit aussi: 'Je rends compte ici, au surplus, de mon impression seulement, et je desire, de très-bonne foi, que ce ne soit point celle que cette tragédie fasse sur le public' (C, III, p. 317, juin 1767). Ses espérances ne furent pas déçues. Le 11 mai 1768 Bachaumont put écrire: 'La Piece de *Beverley* a eu encore plus de succès aujourd'hui que samedi' (B, IV, p. 29). Dans son article pour mai et juin 1768, Collé parle de 'la réussite prodigieuse de Béverley où l'on a couru avec fureur' (C, III, p. 384), et, malgré une volte-face étonnante depuis la conclusion de son compte rendu de 1768, Fréron peut, dans ses commentaires sur la mort de Saurin en 1782, nous indiquer que cette réussite continua: 'L'ouvrage de M. *Saurin*, qui a eu le plus de succès, est précisément celui qui en méritoit le moins. L'horrible frenésie de *Béverley* est peu faite pour notre théâtre & pour nos moeurs' (*AL*, 1782, 'Lettre I', p. 8). Et puis en 1783, à l'occasion de la publication des oeuvres complètes de Saurin, le même critique nous indique que 'c'est de toutes les Pièces de M. *Saurin* celle qui a obtenu le succès le plus brillant' (*AL*, 1783, 'Lettre X', p. 157). En 1807 le nom de Stukéli était devenu assez célèbre pour représenter le type du faux ami dans le titre du roman *Le Joueur; ou, Le Nouveau Stukéli*(25). Cet ouvrage comprend une scène où les deux personnages principaux vont voir une représentation de la pièce de Saurin à la Comédie-Française.

Mais la meilleure indication du succès populaire de *Béverlei* se trouve non pas dans les écrits des critiques sérieux, mais dans quelques poèmes publiés dans le *Mercure de France* à l'occasion des premières représentations de la pièce. Il ne s'agit pas ici de poèmes polis, mais de réactions enthousiastes qui semblent refléter l'opinion populaire sur cet ouvrage. Nos versificateurs choisissent même pour leurs louanges des aspects de la pièce que relevèrent les critiques professionnels. L'auteur du premier soutient l'opinion des philosophes, en constatant l'avantage du drame sur la comédie quand il s'agit de corriger les moeurs. Evidemment la comparaison avec *Le Joueur* de Regnard s'impose (l'auteur de ce poème n'est pas le seul à la faire):

> *A M. SAURIN, de l'Académie Françoise:*
> *sur sa tragédie bourgeoise.*

> *RENARD* fit *le Joueur*, & ne corrigea guère:
> Ce n'est pas en riant qu'on trace un tel portrait.
> Mais du crayon anglois tu peins ce caractère,
>   Si dangereux, & qui souvent a fait
> La ruine & les maux d'une famille entière:
> *Renard* a fait un drame, & toi seul le sujet.

>   *Par la Muse Limonadière.*
> (*MF*, juin 1768, p. 89)

Dans le deuxième poème, l'attention se porte sur le côté sentimental de l'ouvrage, et surtout sur le personnage de Madame Béverlei:

> *A M. Saurin, sur le rôle de Mde Beverlei*
> *dans sa tragédie du même nom.*

>   SAURIN, cette femme si belle,
>   Ce coeur si pur, si vertueux,
>   A tous ses devoirs si fidelle,
> De ton esprit n'est point l'enfant heureux:
>   Tu l'as bien peint; mais le modele

---

(25) *Le Joueur; ou, Le Nouveau Stukéli. Par Madame D. D*......, *Auteur de la Pauvre Orpheline*, 2 vol. (Paris, 1807). Selon le catalogue de la Bibliothèque Nationale ce roman serait 'par Joseph Senties d'après Barbier'.

Vit dans ton âme & sous tes yeux.
(*MF*, juillet 1768, I, p. 26)

Et ces deux thèmes sont réunis dans le plus développé de ces trois hommages:

A M. Saurin, sur Béverley.

J'ai lu ton drame pathétique:
Si la froide analyse y voit quelques défauts,
Le sentiment te venge; & tes hardis tableaux
Sont inondés des larmes du critique.
Regnard, en badinant, esquissa son Joueur;
Mais il fait rire, & sa gaîté l'excuse:
Chez ton rival le vice amuse;
Chez toi, mieux peint, il inspire l'horreur.
Poursuis; cours dans ce champ où l'Anglois nous transporte.
Le siecle a fait un pas; ose, avance avec lui:
Les femmes même aujourd'hui,
Avec l'ame aussi foible, ont la tête plus forte:
Aux dépens de leurs nerfs leur goût s'est aguerri;
Et, dans quelques momens, s'il leur échappe un cri,
C'est l'effet de ton art, c'est un prix qu'il emporte.
Conserve aux passions leurs plus sombres couleurs.
Souvent le ridicule se glisse & s'évapore.
Pour mieux nous corriger fais-nous frémir encore:
On ne parle aux esprits qu'en subjuguant les coeurs.
(*MF*, juillet 1768, II, p. 36)

ACTEURS

Ce fut un des acteurs qui reçut presque toutes les attentions des critiques, Molé, interprète du rôle principal de Béverlei. Saurin lui-même dans l'avertissement de la pièce (S, p. 3) lui attribua une bonne partie du succès de son ouvrage. Selon le *Mercure de France*, 'M. Mollé, qui y joue le principal rôle, y donne des preuves d'intelligence & de force, qui surpassent les idées que les connoisseurs mêmes avoient pu concevoir du degré de perfection dont l'art, uni au plus beau naturel, peut être susceptible' (*MF*, juin 1768, p. 194). Les commentaires de Bachaumont et de Collé nous permettent d'entrevoir un peu le genre de jeu dont il s'agissait. Pour Bachaumont, 'Le rôle du *Joueur* a été fort bien exécuté par le Sr.Molé. Il y a mis toute la fureur, toutes les convulsions, tous les déchirements d'un forcené' (B, IV, p. 28, 8 mai 1768). Si cette appréciation nous suggère un style de jeu exagéré, qui imite les gestes des toiles de Greuze[26] et qui anticipe les excès du

---

(26) Voir surtout *Le Maudit Fils puni.*

mélodrame, cette impression est confirmée par le commentaire de Collé: 'On doit avoir été ébloui par [le jeu] de Molé; je n'ai point vu de comédien rendre un rôle avec autant de vérité, de chaleur, de finesse et de perfection; c'est la nature elle-même; il ne laisse rien à desirer. Ce rôle est d'une violence qui fait craindre à chaque représentation, qu'il ne se casse un vaisseau, ou qu'il ne lui arrive quelqu'autre accident qui mette sa vie en danger; aussi ne le joue-t-il que deux fois par semaine, le mercredi et le samedi' (C, III, p. 381, mai et juin 1768). L'information sur la fréquence des représentations, qui nous donne une malheureuse indication sur la mesure de l'outrance de cette interprétation, est confirmée par Bachaumont (B, IV, p. 29, 11 mai, 1768).

Les autres acteurs méritaient l'approbation générale du *Mercure de France*: 'La pièce est extrêmement bien rendue' (*MF*, juin 1768, p. 194), mais la représentation fut tellement dominée par l'interprétation de Molé que seul Bachaumont prit le temps de porter son attention sur les autres acteurs. Son impression de Doligny dans le rôle de Madame Béverlei est assez ambiguë: 'Mlle. Doligny représente la femme du *Joueur*; elle porte tout l'intérêt que mérite ce rôle. Malheureusement son organe ne répond pas toujours à l'énergie de l'action & à la violence de la douleur où elle doit être plongée' (B, IV, pp. 28-9, 8 mai 1768). Mais c'est surtout Préville dans le rôle de Stukéli qui lui déplaît: 'On ne sait pourquoi cet acteur, excellent dans son genre de Bouffon & de Pantomime, veut ainsi se prodiguer à toute sauce & faire des personnages auxquels il n'est nullement propre. Dans celui-ci, qui est rempli d'adresse & de forfanterie, sous les dehors imposans de la candeur, de la probité, de l'amitié la plus chaude & la plus désintéressée, il a transporté les grimaces, les singeries d'un valet fripon & a encore exténué ce rôle, qui n'est pas aussi fortement frappé qu'exige la hardiesse de l'intrigue' (B, IV, p. 28, 8 mai 1768). 'Les autres rôles', nous dit-il, 'sont peu de chose & ne méritent aucune discussion' (B, IV, p. 29, 8 mai, 1768).

REPRESENTATIONS

La pièce eut sa première représentation au théâtre privé du duc d'Orléans à Villers-Cotterets le 21 juin 1767(27). Une deuxième représentation privée suivit en décembre de la même année chez le duc de Noailles(28). La première représentation publique eut lieu le 7 mai 1768 à la Comédie-Française.

L'étude du nombre de spectateurs pour les premières représentations de *Béverlei* à la Comédie-Française peut nous aider à comprendre l'étendue du succès de la pièce(29). Les données pour le nombre de spectateurs par représentation pour toutes les représentations de la saison de 1768 à 1769 vont de 140 à 1147. Sur 277 représentations, 26 seulement eurent

---

(27) Voir C, III, p. 315, juin 1767.
(28) Voir B, III, p. 270, 15 décembre 1767.
(29) Statistiques selon H. Carrington Lancaster, *The Comédie Française, 1701-1774: Plays, actors, spectators, finances*, dans *Transactions of the American Philosophical Society*, 41 (Philadelphia, 1951), pp. 593-849 et A. Joannidès, *La Comédie-Française de 1680 à 1900: Dictionnaire général des pièces et des auteurs*.

1000 spectateurs ou plus et 12 de celles-ci furent des représentations de *Béverlei*. Sur 15 représentations de la pièce pendant cette saison, il n'y en eut que 3 où il y eut moins de 1000 spectateurs, et ce chiffre ne baissa jamais au-dessous de 800(30). Par contre *La Gageure imprévue* de Sedaine, qui eut sa première représentation le même mois que *Béverlei* et qui eut le succès le plus durable de toutes les nouveautés de cette saison, eut 11 représentations où le public tomba jusqu'à 334 spectateurs et ne monta jamais au-dessus de 981; à 7 de ces représentations il y eut moins de 600 spectateurs. Il n'y a aucun doute que *Béverlei* remporta le succès le plus éclatant de la saison.

L'enthousiasme du public continua: l'assistance resta au-dessus de 1000 personnes pour les trois représentations dans la saison de 1769 à 1770 et pour les deux de celle de 1770 à 1771. Pour la première représentation de la saison suivante le chiffre monta jusqu'à 1209, mais, pendant les cinq représentations données pendant quinze jours en décembre 1771, il baissa jusqu'à 826. Après ce mois la pièce disparut du répertoire pendant trois ans, mais entre 1775 et 1790 il y eut au moins une représentation chaque année et le plus souvent entre 2 et 5; en 1787 il y en eut même 8. Mais la pièce perdit sa popularité pendant la Révolution. Il y eut une seule tentative de la rétablir dans le répertoire avec deux représentations en 1819, mais sans succès.

A ces statistiques sur les fortunes de la pièce à la Comédie-Française, nous pouvons ajouter l'information donnée par Clément et Laporte dans leurs *Anecdotes dramatiques*, où ils nous affirment qu'après quelques hésitations préliminaires, l'ouvrage fut aussi bien reçu à Toulouse.

Si *Béverlei* fut un des triomphes dramatiques du siècle, ce succès fut néanmoins, ou peut être même en conséquence, limité à son époque.

---

(30) Les détails précis pour cette saison selon les calculs de Lancaster sont: 7 mai 1768 - 1028 spectateurs; 11 mai - 1047; 14 mai - 1063; 18 mai - 1118; 25 mai - 815; 28 mai - 1018; 1 juin - 1078; 4 juin - 1060; 8 juin - 1025; 11 juin - 996; 15 juin - 1041; 18 juin - 1022; 22 juin - 964; 16 novembre - 1022; 27 novembre - 1050.

EDITIONS

Si *Béverlei* disparut presque entièrement de la scène de la Comédie-Française en 1790, il n'en fut pas de même des éditions imprimées de la pièce, qui continuèrent à paraître en recueil jusqu'en 1825. Nous avons trouvé sept éditions publiées du vivant de Saurin:

1   *Béverlei, tragédie bourgeoise, imitée de l'anglois, en cinq actes et en vers libres; par M. Saurin, de l'Académie Françoise: représentée pour la premiere fois par les Comédiens François Ordinaires du Roi, le 7 Mai 1768* (Paris, la V. Duchesne, 1768).

2   *Béverlei, tragédie bourgeoise, imitée de l'anglois, en cinq actes et en vers libres; par M. Saurin de l'Académie Françoise* (Vienne, Jean-Thomas de Trattnem, 1768)(31).

3   *Béverlei, tragédie bourgeoise, imitée de l'anglois, en cinq actes et en vers libres, par M. Saurin, de l'Académie Françoise. Représentée pour la premiere fois par les Comédiens François ordinaires du Roi, le 7 Mai 1768* (Paris, Veuve Duchesne, 1769).

4   *Béverlei, tragédie bourgeoise, imitée de l'anglois, en cinq actes et en vers libres; par M. Saurin, de l'Académie Française: représentée pour la premiere fois par les Comédiens François Ordinaires du Roi, le 7 Mai 1768. Nouvelle édition, revue & corrigée* (Paris, la V. Duchesne, 1770).

5   *Béverlei, tragédie. En cinq actes et en vers, par M. Saurin, de l'Académie Françoise. Représentée pour la premiere fois par les Comédiens François Ordinaires du Roi, le 7 Mai 1767. Nouvelle édition* (Paris, la Veuve Duchesne, 1774).

6   *Béverlei; ou, Le joueur anglois, tragédie bourgeoise en cinq actes et en vers libres, par M. Saurin, de l'Académie Françoise. Représentée pour la premiere fois, par les Comédiens François Ordinaires du Roi, le 7 Mai 1768. Nouvelle édition* (Paris, N. B. Duchesne, 1776).

7   *Béverlei, tragédie bourgeoise. Imitée de l'anglois; en cinq actes et en vers libres. Par M. Saurin, de l'Académie Françoise. Représentée pour la premiere fois par les Comédiens François Ordinaires du Roi, le 6 Mai 1768. Nouvelle édition* (Paris, Didot l'aîné, 1778).

Il y a certains commentaires à faire à propos de ces éditions. D'abord il s'agit de savoir laquelle des deux éditions de 1768 est la première en date. Evidemment il ne serait pas impossible que l'édition de Vienne (2) ait été publiée avant celle de Paris (1) pour éviter les

---

(31) Je dois à David Adams la confirmation qu'il s'agit bien de Vienne en Autriche et non pas de Vienne en France. Jean-Thomas de Trattnem, ou plus proprement Johann-Thomas Trattner, publia un bon nombre d'ouvrages français pour un public autrichien et allemand. Il ne s'agit pas ici d'une contrefaçon, car Trattner ne fait aucune tentative pour tromper le lecteur sur le lieu de publication ou sur l'identité de l'éditeur, mais c'est quand même une édition pirate, car il n'avait pas l'habitude de payer l'éditeur français qui possédait le privilège, et dont les droits légaux n'avaient aucune force en Autriche.

délais causés par le censeur, mais il s'agit de toute évidence d'une édition pirate copiant celle de Paris. Il y a le témoignage du *Mercure de France*, qui signale la publication de l'édition parisienne aussitôt après la première représentation publique de la pièce. Dans l'article pour juin 1768 nous lisons: 'Nous nous disposions à donner une idée de cette pièce assez étendue pour mettre en évidence une partie des beautés qu'on y admire & qui justifient tout l'éclat de son succès; lorsque nous avons appris que cet ouvrage étoit sous presse, & paroîtroit au premier jour' (*MF*, juin 1768, pp. 193-4). Et puis, le mois suivant: 'Cette piece vient d'être publiée & se vend à Paris, chez la veuve Duchesne, rue Saint-Jacques' (*MF*, juillet 1768, I, p. 142). Mais il y a aussi le témoignage des textes eux-mêmes. Il y a un lien évident entre ces deux éditions: elles comportent toutes les deux des erreurs et, bien qu'il y en ait beaucoup plus dans l'édition de Vienne, presque toutes celles de l'édition de Paris figurent dans les deux textes. Bien qu'il ne soit pas impossible que l'édition de Paris soit une copie corrigée de l'édition de Vienne, un détail nous permet de prouver que c'est celle de Vienne qui est une mauvaise copie de l'autre. Il s'agit de la ponctuation dans la liste des personnages de l'édition de Vienne:

ACTEURS.

Madame BEVERLEI,
BEVERLEI,
HENRIETTE, *Soeur de Béverlei*,
TOMI, *Enfant de six à sept ans.*
LEUSON, *Amant d'Henriette*,
STUKELI, *faux ami de Béverlei*,
JARVIS, *ancien Domestique*,
UN INCONNU.
UN SERGENT, *suivi de Records.*

Nous pouvons remarquer la présence d'une virgule à la fin des lignes un à trois et cinq à sept, tandis qu'il y a un point à la fin des lignes quatre, huit et neuf. Evidemment cette ponctuation est tout à fait illogique: nous attendons un point soit à la fin de chaque ligne, soit à la fin seulement de la dernière. Mais cette ponctuation s'explique si nous regardons la page équivalente de l'édition de Paris:

ACTEURS.

Madame BEVERLEI,	Mlle d'Oligny.
BEVERLEI,	M. Molé.
HENRIETTE, *Soeur de Béverlei,*	Madame Préville.
TOMI, *Enfant de six à sept ans.*	
LEUSON, *Amant d'Henriette,*	M. Bellecour.
STUKELI, *faux ami de Béverlei,*	M. Préville.
JARVIS, *ancien Domestique,*	M. Brisard.
UN INCONNU.	
UN SERGENT, *suivi de Records.*	

Le compositeur, en recopiant l'édition de Paris, supprima le nom des acteurs, mais ne modifia pas la ponctuation de l'original là où il eut été nécessaire de le faire. La comparaison de ces deux pages nous révèle qu'il est impossible que l'édition de Vienne ait précédé celle de Paris.

L'édition de 1769 (3) est une copie (avec erreurs et quelques variantes) de 1. La première version du monologue de suicide, qui est présente en note dans 1 et 2, est supprimée dans 3, ainsi que l'épître dédicatoire et l'avertissement.

La 'nouvelle édition, revue & corrigée' de 1770 (4) est la plus importante après 1. Avec 1, c'est celle qui comporte le moins d'erreurs, et c'est la seule où nous trouvons des variantes importantes; il s'agit vraiment d'une édition revue. C'est dans 4 que nous trouvons la troisième version du monologue, le court avis, qui précède l'épître dédicatoire, et, en appendice, la version heureuse du dernier acte.

Ce qui pourrait surprendre, c'est que les trois éditions suivantes, celles de 1774 (5), de 1776 (6) et de 1778 (7), malgré leur désignation de 'nouvelle édition', marquent un retour au texte original. Ce qui est également surprenant, c'est que l'étude des variantes et des erreurs indique qu'elles proviennent toutes non pas de 1 mais de 3. Une erreur de pagination dans la note à la fin du cinquième acte dans 7, qui ne s'explique pas par la mise en page de 3 (ni d'ailleurs par celle de 5 ou de 6), suggère l'influence possible d'un texte intermédiaire, mais si c'est le cas, il s'agit d'une édition que nous n'avons pas trouvée.

Nous pouvons représenter ainsi les rapports entre ces sept éditions:

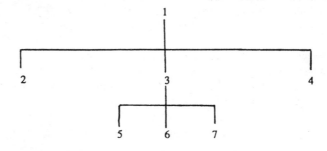

Ce sont ces sept éditions-là que nous avons considérées dans la préparation de cette édition critique.

Nous avons trouvé seize éditions publiées après la mort de Saurin:

8 *Béverlei, tragédie bourgeoise, imitée de l'anglais, en cinq actes et en vers libres; par Saurin, de l'Académie Française. Représentée pour la prémière fois par les Comédiens Français, le 7 Mai 1768. Nouvelle édition conforme à la représentation* (Paris, la Veuve Duchesne, 1783).

9 *OEuvres complettes de M. Saurin*, 2 vol. (Paris, Vve Duchesne, 1783).

10 *Beverlei, tragedie bourgeoise, imitée de l'anglais, en cinq actes et en vers libres...* (Paris, Delelain, 1784).

11 *Béverlei, tragédie bourgeoise, imitée de l'anglais. Nouvelle Edition corrigée, et conforme à la Représentation* (Toulouse, J. B. Broulhiet, 1785).

12 A. A. Le Texier, *Recueil des Pièces de Théâtre, lues par M. Le Texier en sa maison, Lisle Street, Leicester Fields*, 8 vol. (London, 1785-7), VIII.

13 *Béverlei, tragédie-bourgeoise, imitée de l'anglois, en cinq actes et en vers libres, par Saurin* (Paris, 1788).

14 *Chef-d'oeuvres de Saurin* (Paris, Belin, 1788): *Beverlei, tragédie bourgeoise*.

15 *Béverlei; tragédie bourgeoise, imitée de l'anglais, en cinq actes et en vers libres. Nouv. éd.* (Troyes, Gobelet, An VII [1799]).

16 *Béverley, tragédie imitée de l'anglais* (Paris, 1802).

17 Claude Bernard Petitot, *Répertoire du Théâtre François; ou, Recueil des tragédies et comédies restées au Théâtre depuis Rotrou, pour faire suite aux éditions in-octavo de Corneille, Molière, Racine, Regnard, Crébillon, et au Théâtre de Voltaire. Avec des notices sur chaque auteur, et l'examen de chaque piece. Par M. Petitot*, 23 vol. (Paris, 1803-4), VII.

18 *OEuvres choisies de Saurin. édition stéréotype, d'après le procédé de Firmin Didot* (Paris, P. Didot l'aîné et F. Didot, 1812).

19 *Répertoire générale du Théâtre Français... Premier (Second) ordre*, 51 vol. (Paris, 1813), XXIX.

20 *Béverlei, tragédie bourgeoise, imitée de l'anglois, en vers libres, par Saurin, représentée, pour la première fois, le 7 mai 1768*, dans *Répertoire générale du Théâtre français* (Paris, 1818), LXVI, pp. 155-241.

21 *Théâtre français. Répertoire complet. Saurin* (Paris, A. Belin, 1821).

22 *Chefs-d'oeuvres dramatiques de Poinsinet de Sivry et Saurin* (Paris, J. Didot aîné, 1824).

23 *Bibliothèque dramatique; ou, Repertoire universel du théâtre français, avec des remarques, des notices et l'examen de chaque pièce par MM. Ch. Nodier, P. Lepeintre, Lemazurier et autres... Auteurs du XVIIIe siècle* (Paris, Mme Dabo-Butscher, 1825), XVI: Saurin.

Deux de ces éditions méritent notre attention, l'édition individuelle de la pièce publiée en 1783 (8) et celle publiée à Toulouse en 1785 (11), qui se disent toutes deux 'conforme[s] à la représentation'. Dans 8 la version heureuse du dernier acte paraît pour la première fois depuis 4, mais toujours en appendice; dans le texte principal nous trouvons la version originale de l'acte avec la deuxième version du monologue (celle qui figure dans toutes les éditions publiées du vivant de l'auteur sauf 4). Dans 11, par contre, nous ne trouvons que l'adaptation heureuse du dénouement, ce qui suggère que, si le public parisien préférait la fin tragique de la pièce, les acteurs à Toulouse avaient adopté la version adoucie de l'ouvrage. David Adams a trouvé un renvoi à une édition publiée à Francfort en 1768, mais sans indication permettant de savoir s'il s'agit d'un texte français ou d'une traduction allemande. Je n'ai pas pu trouver d'exemplaire de cette édition.

La popularité de la pièce est confirmée par l'existence de plusieurs traductions et adaptations du texte, dont l'une, la version italienne d'Elisabetta Caminer Turra, paraît même dans deux recueils (24 et 32):

24 *Beverlei, tragedia urbana in cinque atti e in versi*, dans Elisabetta Caminer Turra, *Composizioni teatrali moderni* (Venezia, 1772), III.

25 *Beverley; oder, Der englische Spieler. Ein Trauerspiel in fünf Aufzügen. Nach dem Englischen des Herrn Eduard Moore, und dem Französischen des Herrn Saurin. Aufgeführt in den kais. königl. privilegirten Theatern* (Wien, Zu finden bey dem Logenmeister, 1774), trad. F. L. Schröder.

26 *Beverlei, borgerlig Tragoedie i fem Acter, af Monsr. Saurin, paa dansk af Reersløw* (Kiøbenhavn, Trykt paa Gyldendals, 1776).

27 *Beverley, tragi-comedia* (Lisboa, J. Antonio da Silva, 1777).

28 *Béverlei, burger-treurspel, in vyf bedryven, gevolgd naar het fransche van de heer Saurin, door P. J. Van Steenbergen* (Dordrecht, A. Blusse en zoon, 1777).

29 *Beverlei: wågspels farliga påföljder. Sorgespel. Fri öfwersättning ifrån fransyskan* (Gotheborg, Tryckt hos Lars Wahlström, 1780), trad. Nils Öhrwall.

30 *Beverly, of de Gevolgen der speelzucht, burger treurspel, gevolgd naar het fransche van den heere Saurin* (Amsterdam, J. Helder, 1781), trad. J. G. Doornik.

31 *Tragedia urbana. Beverley; por otro titulo, El jugador inglés. En cinco actos. Traducida del francés* (Barcelona, Por la Vuida Piferrer, 179?).

32 *Beverlei: dramma del signor Saurin, tradotto dalla signora Elisabetta Caminer*, dans *Il teatro moderno applaudito* (Venezia, 1798), XXII.

LE TEXTE

Principes d'édition

J'ai pris comme texte de base la première édition du texte, c'est-à-dire celle publiée à Paris en 1768 (1). Quoique cette édition soit la moins fautive, il y avait néanmoins quelques coquilles signalées le plus souvent par un vers boiteux. J'ai pu corriger presque toutes ces erreurs par référence aux autres éditions, et je relève toutes mes corrections à cette édition dans les notes. Quant aux variantes des autres éditions, je n'ai pas cru nécessaire de relever les fréquents changements d'orthographe, ni les coquilles évidentes. J'ai également pu rejeter quelques variantes qui seraient tout-à-fait acceptables du point de vue du sens et de la syntaxe, mais qui sont cause de vers qui n'ont pas huit, dix ou douze syllabes, les seuls mètres employés par Saurin dans ses vers libres. Il y a de multiples erreurs dans l'alignement des vers dans toutes les éditions, y compris la première, que j'ai corrigées sans indication dans les notes.

Dans le choix de variantes les éditions sont identifiées par les chiffres donnés dans la section précédante.

BIBLIOGRAPHIE

Pour les détails bibliographiques des éditions et des traductions de *Béverlei*, voir ci-dessus pp. XXXVIII-XLII.

ALEMBERT, Jean le Rond d', *Le Joueur dans sa prison: Essai de monologue dramatique*, dans *OEuvres complètes*, 5 vol. (Genève, 1967), IV, pp. 475-8

BACHAUMONT, Louis Petit de, *Memoires secrets pour servir à l'histoire de la republique des lettres en France, depuis MDCCLXII jusqu'à nos jours*, 36 vol. (Londres, 1780-1789)

COLLE, Charles, *Journal historique; ou, Mémoires critiques et littéraires*, 3 vol. (Paris, 1805-7)

CONNON, Derek F., *Innovation and renewal: a study of the theatrical works of Diderot*, Studies on Voltaire and the Eighteenth Century, 258 (Oxford, 1989)

DIDEROT, Denis, *Correspondance*, éd. G. Roth et J. Varloot, 16 vol. (Paris, 1955-70)

DIDEROT, Denis, *Le Joueur*, éd Jacques Chouillet, dans *OEuvres complètes*, éd. H. Dieckmann, J. Proust, J. Varloot, et autres, 33 vol. (Paris, 1975-), XI, pp. 317-450

DIDEROT, Denis, *OEuvres romanesques*, éd. H. Bénac (Paris, 1962)

DUNKLEY, John, *Gambling: a social and moral problem in France, 1685-1792*, Studies on Voltaire and the Eighteenth Century, 235 (Oxford, 1985)

FRERON, Elie, *L'Année littéraire*, 37 vol. (Amsterdam, 1754-90)

GAIFFE, Félix, *Le Drame en France au XVIIIe siècle* (Paris, 1910)

GRIMM, Friedrich Melchior, et autres, *Correspondance littéraire, philosophique et critique*, éd. Maurice Tourneux, 16 vol. (Paris, 1877-82)

HILL, Aaron, *The Fatal Extravagance*, dans *The Dramatic Works of Aaron Hill, Esq.*, 2 vol. (London, 1760), I, pp. 283-317

JOANNIDES, A., *La Comédie-Française de 1680 à 1900: Dictionnaire général des pièces et des auteurs* (Paris, 1901)

LANCASTER, Henry Carrington, *The Comédie Française, 1701-1774: Plays, actors, spectators, finances*, Transactions of the American Philisophical Society, 41, 4e partie (Philadelphia, 1951)

LANCASTER, Henry Carrington, *French Tragedy in the Time of Louis XV and Voltaire, 1715-1774*, 2 vol. (Baltimore, London, Paris, 1950)

LIOURE, Michel, *Le Drame de Diderot à Ionesco* (Paris, 1973)

LOIRELLE, abbé Bruté de, *Le Joueur* (Londres et Paris, 1762)

Mercure de France, juin et juillet, 1768

MONTICOURT, Duplat de, *Le Joueur, tragédie anglaise en 5 actes et en prose*, manuscrit conservé à la Bibliothèque de la Comédie-Française, Ms 20547(1)

MOORE, Edward, *The Gamester*, dans *Eighteenth-Century Tragedy*, éd. Michael R. Booth (London, 1965), pp. 155-225

MOORE, Edward, *The Gamester*, édition de 1756, éd. C. H. Peake et P. R. Wikelund, The Augustan Reprint Society, série 5, no 1 (Michigan, 1948)

PREVOST, abbé Antoine-François, *Le Philosophe anglais; ou, Histoire de Monsieur Cleveland*, éd. P. Stewart, dans *OEuvres de Prévost*, éd. J. Sgard, 8 vol. (Grenoble, 1977-86), II

SCHIER, Donald, 'Diderot's translation of *The Gamester*', dans *Diderot Studies*, 16 (Geneva, 1973), pp. 229-40

SENTIES, Joseph, attribué à, *Le Joueur; ou, Le Nouveau Stukélie. Par Madame D. D......, Auteur de la Pauvre Orpheline* (Paris, 1807)

SHAKESPEARE, William, *The Complete Works*, éd. A. Harbage et autres (London, 1969)

BEVERLEI,
TRAGEDIE BOURGEOISE,

IMITEE DE L'ANGLOIS,
EN CINQ ACTES ET EN VERS LIBRES;

Par M. SAURIN, de l'Académie Françoise,

Représentée pour la premiere fois par les Comédiens
François Ordinaires du Roi, le 7 Mai 1768.

Le prix est de 30 sols.

*

A PARIS,

Chez la V. DUCHESNE, Libraire, rue Saint-Jacques,
au-dessous de la Fontaine Saint-Benoît,
au Temple du Goût.

———————

M. DCC. LXVIII.

Avec Approbation & Privilége du Roi.

———————

Var : l. 1: 6: 'BEVERLEI, / OU / LE JOUEUR ANGLOIS'.
Var : l. 7: 5: '7 Mai 1767', 7: '6 Mai 1768'.

A

SON ALTESSE SERENISSIME

MONSEIGNEUR

LE DUC D'ORLEANS,

PREMIER PRINCE DU SANG.

MONSEIGNEUR,

UNE Piece honorée des larmes & du suffrage de VOTRE ALTESSE SERENISSIME, ne pouvoit manquer de réussir. Le but moral de l'Ouvrage en avoit couvert les défauts à vos yeux, le Public n'a pas été moins indulgent: peut-être a-t-il voulu encourager un genre qui, quoique très-inférieur au genre héroïque, ne laisse pas d'avoir des beautés qui lui sont propres. La carriere du Théâtre se retrécit tous les jours; nos grands Maîtres semblent avoir épuisé les ressources de l'Art. La Tragédie Bourgeoise est un champ nouveau, qui, cultivé par des mains plus habiles que les miennes, pourroit fournir quelques moissons heureuses; je dis quelques moissons, car ce genre se trouve resserré entre deux écueils presque inévitables, la basse scélératesse & le romanesque outré; mais il doit être libre à chacun d'entrer dans la lice à ses risques & périls; tout genre est bon, quand il plaît au Public sans nuire aux moeurs. On s'est trop hâté de poser les bornes de l'Art: est-ce une Tragédie, est-ce une Comédie, que le Philosophe sans le sçavoir? Je n'en sçais rien: mais je sçais que c'est un Drame très-beau & très-original. Pardonnez-moi, MONSEIGNEUR, ces réflexions: il s'agit d'un Art que VOTRE ALTESSE SERENISSIME aime & protége, & sur lequel ceux qui ont l'honneur de l'approcher sçavent qu'Elle a un goût très-sûr & très-éclairé: je l'ai éprouvé moi-même, & ma Piece seroit moins imparfaite, si j'avois mieux sçu profiter de la justesse de ses observations. Tout foible qu'est l'Ouvrage, VOTRE ALTESSE SERENISSIME, en a comblé le succès en me permettant de le lui dédier. Que n'est-il aussi permis à ma reconnoissance de se satisfaire? Que mon coeur n'a-t-il la liberté de mettre au jour ce qui est dans tous les coeurs? Mais le nom de VOTRE ALTESSE SERENISSIME, qu'on verra à la tête de l'Ouvrage, en dit plus que je n'en pourois dire, & personne ne le lira sans se souvenir avec attendrissement de Henri IV. & de son auguste bonté.

Je suis avec un très-profond respect,

MONSEIGNEUR,

DE VOTRE ALTESSE SERENISSIME,

Le très-humble & très obéissant serviteur, SAURIN.

Var : Lettre dédicatoire manque dans 2, 3, 5, 6, 7

AVERTISSEMENT.

Le succès de cette Pièce a été beaucoup plus grand que je n'aurois osé l'espérer. Mais je suis fort loin de croire qu'il m'appartienne tout entier: quand l'Auteur Anglais aura revendiqué sa part, quand l'Acteur qui a joué d'une maniere sublime le rôle de Béverlei aura pris la sienne, celle qui me restera sera fort petite.

Au reste, la Pièce Anglaise a été traduite, & la traduction est dans les mains de tout le monde; chacun peut en juger, comparer l'original avec l'imitation, & apprécier mon travail: il me siéroit mal de l'entreprendre.

Quelque desir que j'eusse de tenir la balance droite, l'amour-propre d'Auteur peseroit sur un côté; & on me trouveroit avantageux, lorsque peut-être je me croirois modeste.

Je ne dis rien du genre de l'Ouvrage; ce genre a ses ennemis & ses partisans: les opinions doivent être libres, mais la carriere doit l'être aussi: c'est aux Auteurs à composer, au Public à juger.

Var : L'avertissement manque dans 2, 3, 5, 6, 7

ACTEURS.

Madame BEVERLEI,	Mlle d'Oligny.
BEVERLEI,	M. Molé.
HENRIETTE, *Soeur de Béverlei,*	Madame Préville.
TOMI, *Enfant de six à sept ans.*	
LEUSON, *Amant d'Henriette,*	M. Bellecour.
STUKELI, *faux ami de Béverlei,*	M. Préville.
JARVIS, *ancien Domestique,*	M. Brisard.
UN INCONNU.	
UN SERGENT, *suivi de Records.*	

La Scène est à Londres.

BEVERLEI,

TRAGEDIE BOURGEOISE.

ACTE PREMIER.

*(Le Théâtre représente un Sallon mal meublé, & dont les
murs sont presque nuds, avec des restes de dorure.)*

SCENE PREMIERE.

Madame BEVERLEI, HENRIETTE.

*(Elles sont assises, & travaillent l'une au tambour,
l'autre à la tapisserie.)*

Madame BEVERLEI, *(tournant la tête
vers le fond du Théâtre.)*

Chere Henriette, il ne vient point!
Quel tourment que l'inquiétude!

HENRIETTE,

C'est chez nous un mal d'habitude,
Ma soeur; mais un autre s'y joint,
5   Plus cruel, à ne vous rien taire:
L'indigence....

Madame BEVERLEI.

              Oh! pour celui-là,
Plût au ciel qu'il fût seul! Oui, ma soeur, & déjà
Je sens qu'on apprend à s'y faire.
Ce Sallon que j'ai vu si richement orné,
10   Ses meubles, ses tableaux, ses glaces, sa dorure,
Tout cela rendoit-il mon coeur plus fortuné?
Ce sont besoins du luxe, & non de la nature:
Mes yeux à cet éclat s'étoient accoutumés,

Var : l. 5: 3, 6: 'dorures'
Var : v. 2 : 2,6: 'quelle inquiétude' (7: 'quel inquiétude!'.)
Var : v. 3 : 6: 'chez vous'
Var : v. 12 : 7: 'de luxe'

15 A voir ces murs tout nuds ils se sont faits de même:
    Un seul objet les tient uniquement charmés,
    Et rien ne manque ici, quand j'y vois ce que j'aime.

HENRIETTE.

Vous me mettriez en couroux:
Tomber de l'opulence au sein de la misere,
        Cela n'est donc rien, selon vous?
20 Oh! je n'apprendrai moi, qu'à détester mon frere.
        Oui, je le haïrai dans peu;
A le haïr vous-même, il sçaura vous contraindre.

Madame BEVERLEI.

Mon époux! Je pourrai le plaindre;
Mais le haïr!

HENRIETTE.

Funeste amour du jeu!
25   Combien de fois, après l'aurore,
Vous l'avez vû rentrer, maudissant dans vos bras
Cette avare fureur qui l'agitoit encore!
        Vos yeux de veiller étoient las;
Mais son retour, du moins, consoloit votre attente.
30   Ce n'est pas de même aujourd'hui:
        Depuis long-temps le jour a lui,
Et Béverlei, trompant votre ame impatiente,
        N'est pas encor rentré chez lui.

Madame BEVERLEI.

C'est la premiere fois....

HENRIETTE.

Ma soeur toujours l'excuse;
35   Jamais contre lui de couroux.
Ah! vous êtes trop bonne, & mon frere en abuse.

Madame BEVERLEI.

Il n'a qu'un seul défaut....

HENRIETTE.

Qui les renferme tous:
La passion qui le dévore
Bannit toute vertu, tout sentiment du coeur.
40   Il fut un temps qu'il chérissoit sa soeur,
Qu'il adoroit sa femme;

Madame BEVERLEI.

Et ce temps dure encore.

HENRIETTE.

Ses traits sont altérés aussi-bien que ses moeurs.
Qu'est devenu cet air qui lui gagnoit les coeurs,
Cette grace, cette noblesse,
45   Et mille autres dons enchanteurs?
Les veilles, les chagrins ont flétri sa jeunesse.

Madame BEVERLEI.

Ce changement, encor, n'a point frappé mes yeux.

HENRIETTE.

Son fils!... En soupirant vous regardez les cieux:
Hélas! quel sera son partage?
50 Pauvre enfant!

Madame BEVERLEI.

Le besoin rend l'homme industrieux;
Obligé de valoir, mon fils en vaudra mieux:
Le malheur & l'exemple instruiront son jeune âge;
De bonne heure il en recevra
L'utile leçon d'être sage,
55   Et de sa mere il apprendra
La patience & le courage.
Ah! croyez-moi, ma chere soeur,
Le bonheur, dont souvent on ne poursuit que l'ombre,

Var : v. 39 : 2: 'de coeur'
Var : v. 58 : 4: 'souvent l'on'

                      C'est le contentement du coeur.

60   Béverlei l'a perdu: sur son front toujours sombre,
On lit l'affreux remords dont il est dévoré.
            Rendre malheureux ce qu'il aime,
Voilà le trait cruel dont il est déchiré...
        Ah! s'il pouvoit se pardonner lui-même!

                HENRIETTE.

65   Oh! pour moi, quand je songe à quelle passion
Il a sacrifié le plus bel héritage,
Je ne puis contenir mon indignation:
           Le peu que j'eus pour mon partage,
           Entre ses mains est demeuré.
70   Je crains....

             Madame BEVERLEI.

                            Vous lui faites outrage.

                HENRIETTE.

            Un joueur n'a rien de sacré:
         Dès ce jour je veux qu'il me rende
Ce dépôt dans ses mains imprudemment laissé.
            Pour lui faire cette demande,
75   D'un trop juste motif mon coeur se sent pressé.

             Madame BEVERLEI.

Quel motif?

                HENRIETTE.

Le soutien d'une soeur qui m'est chere;

             Madame BEVERLEI.

            Non.... ce bien vous est nécessaire,
L'hymen doit à Leuson engager votre foi:
Cet amant en est digne, & je ne sais pourquoi
80   Son bonheur toujours se differe.

                HENRIETTE.

Puis-je y penser, lorsque ma soeur

Var : v. 63 : 3, 5, 6, 7: 'cruel' om.

Gémit sous le poids du malheur?

Madame BEVERLEI.

Vous êtes sur mon sort un peu trop inquiète;
J'ai des diamans, des bijoux:
85   Je n'en ai pas besoin pour être satisfaite,
Et s'il faut m'en priver......

HENRIETTE *(se récriant vivement.)*

Ah! ma soeur!

Madame BEVERLEI.

Calmez-vous:
Ma chere Henriette est trop vive;
Tout peut encor se réparer:
Nous avons à Cadix un fond qui doit rentrer;
90   Incessamment il nous arrive,
On nous en donne avis.

HENRIETTE.

C'est un fond pour le jeu,
Qui, croyez-moi, durera peu.

Madame BEVERLEI.

Il peut se corriger.

HENRIETTE.

Qu'un Joueur se corrige,
Ma soeur!

Madame BEVERLEI.

Ah! si le Ciel opéroit ce prodige,
95   Mon sort pourroit faire encor des jaloux.
De mille biens environnée,
Et, sur-tout, possédant le coeur de mon époux,
Des riches votre soeur fut la plus fortunée:
Si pour sa guérison mes voeux ne sont pas vains,
100   Avec cet époux que j'adore,
Réduite à subsister du travail de mes mains,
Des pauvres je serai la plus heureuse encore.

HENRIETTE.

Oh! bien, ma soeur, n'en parlons plus.
Je vous avertis, au surplus,
105   Qu'hier Leuson me chargea de vous dire
Qu'il a sur Stukéli le plus grave soupçon:
Souvent sur notre front notre coeur se fait lire,
Et l'air de Stukéli n'annonce rien de bon.

Madame BEVERLEI.

L'ami de mon mari ne peut qu'être honnête-homme.

HENRIETTE.

110   Oh! sans cesse pour tel, lui-même il se renomme.
Leuson n'est pas léger & le croit un fripon.

Madame BEVERLEI, *(avec un air inquiet.)*

N'entens-je pas quelqu'un?

HENRIETTE.

Non.

Madame BEVERLEI.

Je suis au supplice.
(Elle regarde sa montre.)
Huit heures & demie.

HENRIETTE, *(à part.)*

Elle me fait pitié.

Madame BEVERLEI.

Pour le coup....

HENRIETTE.

C'est Jarvis, qu'après un long service,
115   Chargé d'ans, nous avons, par un dur sacrifice,
Depuis six mois congédié.

SCENE II.

Madame BEVERLEI, HENRIETTE,
JARVIS.

Madame BEVERLEI.

Sa présence m'est un reproche.
Jarvis, je vous avois prié
De vouloir à mon coeur épargner une approche,
120   Dont il se sent humilié.

JARVIS.

Madame, excusez-moi; je l'ai donc oublié.
(Il regarde l'appartement.)
O ciel! en quel état je vois votre demeure!
M'avez-vous défendu les larmes qu'à cette heure
        M'arrache l'aspect de ces lieux?
125 Je voudrois les cacher; pardonnez, je suis vieux:
A mon âge, aisément l'on oublie & l'on pleure.

Madame BEVERLEI.

Je ne l'écoute pas avec tranquillité.
Asseyez-vous, Jarvis.

JARVIS.

        C'est bien de la bonté.
        Est-il bien vrai? mon pauvre Maître
130   A, dit-on, perdu tout son bien?
        En ce logis je l'ai vu naître;
L'honnête-homme de pere, hélas! qu'étoit le sien!
        Que Dieu fasse paix à son ame:
        Mais après quarante ans, Madame,
135 Il n'eût pas renvoyé le bon-homme Jarvis:
        Jusqu'à sa mort je le servis:
        Courbé sous le poids des années,
        J'espérois, auprès de son fils,
Passer celles encor qui me sont destinées;
140   Mais il ne me l'a pas permis,
Peut-être a-t-il trouvé ma vieillesse importune?
Trop librement, par fois, je me suis déclaré.

Var : v. 128 : Leçon de 2, 3, 4, 5, 6, 7. 1: 'Jarvis,'

Madame BEVERLEI.

Non, de vous s'il s'est séparé,
Accusez-en, Jarvis, sa mauvaise fortune.

JARVIS.

145 Est il réduit si bas? Oh! j'en suis pénétré!
Comme je vous disois, ici je l'ai vu naître.
Son pere a bâti la maison,
Et cent fois dans mes bras, hélas! mon pauvre maître,
Je l'ai tenu petit garçon....
150 Aux pauvres il étoit si bon!
D'où vient, me disoit-il, qu'il est des misérables,
Des pauvres?... ce sont nos semblables:
Je veux, si je suis jamais Roi,
Qu'en mon royaume tout abonde,
155 Je rendrai riche tout le monde,
Et je commencerai par toi.
Ce sont les mots de son enfance:
Comme d'hier je m'en souviens;
Et voilà que lui-même il est dans l'indigence!

Madame BEVERLEI.

160 Mes pleurs coulent en abondance,
Parlez-lui.

HENRIETTE.

Que j'essuie auparavant les miens.

JARVIS.

Me refusera-t-il, dans cet état funeste,
De m'attacher à son malheur?
Ce refus perceroit mon coeur,
165 Et de mes tristes jours abrégeroit le reste.

Madame BEVERLEI, *(entendant quelqu'un.)*

Vous l'allez voir, je crois.

Var : v. 153 : 6: 'si jamais je suis Roi,'

HENRIETTE.

Ce n'est pas encor lui.

SCENE III.

Madame BEVERLEI, HENRIETTE,
STUKELI, JARVIS.

(Les Dames se levent.)

Madame BEVERLEI.

Avez-vous vu mon époux aujourd'hui,
Monsieur Stukéli?

STUKELI.

Non.

HENRIETTE.

Et cette nuit?

STUKELI.

   Madame,
Hier au soir je l'ai quitté.
170 Quoi! mon ami seroit resté
Toute la nuit loin de sa femme!

HENRIETTE.

Votre ami! pouvez-vous vous dire son ami,
Quand son goût pour le jeu par vous est affermi,
  Quand vous encouragez son vice?

STUKELI.

175 Vous ne me rendez pas justice:
Auprès de lui n'ai-je pas employé
Remontrance, conseil? Ce sont les seules armes
  Que me fournissoit l'amitié;
  J'ai même été jusques aux larmes.
180 Enfin le trouvant sourd à tout,

N'ai-je pas, dans l'espoir de réparer sa perte,
Poussé l'amitié jusqu'au bout,
En lui tenant ma bourse ouverte?
J'ai de son mauvais sort supporté la moitié.

HENRIETTE.

185   C'est avoir eu, Monsieur, une fausse pitié.

STUKELI.

On n'abandonne point son ami dans la peine.

HENRIETTE.

Approfondir l'abîme où son penchant l'entraîne!...
Vous vous attendez peu d'être remercié.

STUKELI.

De nous persécuter la fortune se lasse,
190   J'espérois....

Madame BEVERLEI.

C'est assez, répondez-moi, de grace;
Vous quittâtes, hier, mon époux?

STUKELI.

Chez Vilson,
Avec gens qu'à connoître il n'est profit, ni gloire:
Il ne m'en a pas voulu croire.

Madame BEVERLEI.

Y seroit-il encor?

STUKELI.

Jarvis sait la maison.

JARVIS.

195   Madame, irai-je?

Madame BEVERLEI.

Il peut ne le pas trouver bon.

HENRIETTE.

Allez-y comme de vous-même,
Jarvis.

STUKELI.

Et gardez-vous de prononcer mon nom;
Il se plaindroit de moi... peut-être avec raison.

Madame BEVERLEI.

Allez donc: mais, de grace, avec un soin extrême
200 Evitez tous les mots qui pourroient l'offenser;
Les malheureux, Jarvis, sont aisés à blesser:
Avec ménagement il faut qu'on les approche.
J'ai toujours suivi cette loi;
Béverlei, consolé par moi,
205 De ma bouche jamais n'entendit un reproche.

JARVIS.

Il ne m'appartient pas de lui rien reprocher,
Et puis, voudrois-je le fâcher?
Mon pauvre Maître! hélas! sa peine,
La vôtre, n'est-ce pas la mienne?
(Il sort.)

SCENE IV.

Madame BEVERLEI, HENRIETTE,
STUKELI, TOMI.
(Tomi entre, & dit un mot tout bas à Henriette.)

HENRIETTE.

210 A l'instant, mon petit ami,
Venez.

BIRKBECK LIBRARY COLLEGE

Madame BEVERLEI, *(l'appellant à elle.)*

Ecoutez-moi, Tomi:
Ce matin, suivant l'ordinaire,
Votre pere, mon fils, n'a pû vous embrasser;
Mais quand il reviendra, si vous voulez me plaire,
215   Songez à le bien caresser,
N'y manquez pas.

TOMI.

Oh! maman, je n'ai garde:
J'aime tant mon papa!

Madame BEVERLEI.

Je ne crois pas qu'il tarde:
Songez-y bien.

HENRIETTE.

Venez.
*(Tomi baise la main de sa mere, & sort avec
Henriette.)*

SCENE V.

Madame BEVERLEI, STUKELI.

STUKELI.

C'est tout votre portrait:
Il est charmant.

Madame BEVERLEI.

Oh! c'est son pere trait pour trait.
220   Que tous deux le Ciel les conserve:
(Elle s'assied, & Stukéli aussi.)
Mais daignez à présent me parler sans réserve:
A mon époux, Monsieur, n'est-il rien arrivé?
C'est la premiere fois que la nuit il s'absente,
Et je crains....

STUKELI.

<blockquote>
Quoi! pour vous son amour éprouvé,
</blockquote>

225 Pour lui, malgré ses torts, votre foi si constante,

<blockquote>
Votre esprit & votre beauté,
</blockquote>

Tant de charmes qu'en vous l'on admire & l'on vante,

Tout ne répond-il pas de sa fidélité?

Madame BEVERLEI.

Sans convenir, Monsieur, de ces prétendus charmes,

230 Je ne soupçonne point sa foi;

<blockquote>
Sur ce point je suis sans allarmes,
</blockquote>

Ce seroit l'outrager.

STUKELI.

<blockquote>
Comme vous, je le croi,
</blockquote>

Et c'est avec plaisir, Madame, que je voi

235 Que vous connoissez trop le monde,

<blockquote>
Pour écouter les vains propos

Que hasardent souvent les sots,

Et les méchans dont il abonde.
</blockquote>

Madame BEVERLEI.

Quels propos, & sur quoi? Je ne vous entens pas.

STUKELI, *(avec un air embarrassé.)*

240 Mais... sur rien.

Madame BEVERLEI.

Pourquoi donc, Monsieur, cet embarras?

STUKELI.

Je songeois qu'on a vu souvent la calomnie,

Entre d'heureux époux, semer la zizanie;

Qu'on doit fermer l'oreille à ses discours.

Madame BEVERLEI.

<blockquote>
D'accord:
</blockquote>

245 Mais que prétendez-vous conclure?

<blockquote>
Mon mari m'aime, j'en suis sûre,
</blockquote>

Et l'on ne m'a point fait contre lui de rapport:

    Tout au contraire, & dans ce monde,
  Qui de sots, dites-vous, & de méchans abonde,
250 On convient que le jeu fait son unique tort:
  Son coeur me reste, au moins, dans ma douleur profonde,
  Et je ne le perdrois qu'en recevant la mort.

    STUKELI.

    Madame, pardonnez: peut-être
  Le zèle & l'amitié m'ont fait aller trop loin.
255   Je vois que j'ai pris trop de soin,
  Et qu'indiscrètement je vous ai fait connaître
  Ce que de vous apprendre il n'étoit pas besoin;
  Mais malgré de vains bruits, j'ose ici vous répondre....

    Madame BEVERLEI.

    Il me suffit, pour les confondre,
260   Que je connoisse mon époux:
    Tous ces vains bruits je les méprise,
  Et si vous permettez, Monsieur, que je le dise,
  Mon estime pour lui m'en répond mieux que vous.
     (à part.)
  Je ne puis résister au tourment qui me presse.
     (haut.)
265 J'ai besoin de repos, Monsieur, & je vous laisse.
    Vous pouvez, cependant, ici
  Attendre en liberté que votre ami paraisse.

    SCENE VI.

    STUKELI, *(seul.)*

    Bon: mon projet a réussi;
    J'ai mis le trouble dans son ame.
270 Madame Béverlei, vous avez oublié
  Qu'avant que par l'hymen votre sort fût lié,
    Vous avez dédaigné ma flâme....
    ...Sous le voile de l'amitié,
  J'ai déjà ruiné le rival que j'abhorre....
275 ....Dans le coeur de sa femme il faut le perdre encore:
  Le perdre... la gagner... c'est mon double projet.
    Des deux côtés suivons ma trame.
    Mon bonheur seroit imparfait,
  Si l'amour... Oui... déja dans l'esprit de la femme,

280   Adroitement j'ai glissé le poison,
Et j'espere bientôt...... Quelqu'un vient: c'est Leuson:
Son esprit pénétrant me met en défiance;
        Il m'impose par sa présence,
Et je ne le vois pas d'un oeil bien affermi.

SCENE VII.

LEUSON, STUKELI.

LEUSON.

285   Je vous trouve à propos: jusqu'en votre demeure,
J'aurois été, Monsieur, vous chercher tout-à-l'heure.

STUKELI.

De quoi s'agit-il donc, Monsieur?

LEUSON.

                  De mon ami,
De Béverlei.

STUKELI.

        Dites le nôtre.

LEUSON, *(d'un ton ferme.)*

Je dis le mien: s'il eût été le vôtre....

STUKELI.

290   Monsieur, je crois l'avoir prouvé:
Dans les occasions Béverlei m'a trouvé;
J'ai, pour le secourir, oublié la prudence.

LEUSON.

Ce n'est pas ce qu'on dit: on veut que, chez Vilson,
        Vous ayez avec Mackinson
295   Une secrette intelligence.
        Vous vous enrichissez, dit-on,
        Lorsque Béverlei se ruine.

STUKELI.

Monsieur....

LEUSON.

C'est ce qu'on imagine.
Qu'en croirai-je?
*(Ici Henriette du fond du Théâtre entend le reste
de la Scene.)*

STUKELI.

Monsieur Leuson,
300   Sur une question semblable,
Ici je m'expliquerois mal:
J'espere quelque jour en lieu plus convenable....

LEUSON.

Le jour, le lieu, tout m'est égal;
Sortons.

SCENE VIII.

STUKELI, LEUSON, HENRIETTE.

HENRIETTE.

305   Monsieur Leuson, où voulez-vous aller?
Demeurez, je veux vous parler.

STUKELI.

Il suffit: serviteur.

SCENE IX.

LEUSON, HENRIETTE.

HENRIETTE.

Qu'avez-vous donc ensemble?

LEUSON.

J'ai démasqué le traître: il sçait, le scélérat,
Que Leuson le connoît, & dans le coeur il tremble.

HENRIETTE.

310   Sur de simples soupçons ferez-vous un éclat?
         Hasarderez-vous votre vie?
         Vous remplissez mon coeur d'effroi!

LEUSON.

     Que ce tendre intérêt que vous prenez à moi,
         Transporte mon ame ravie!
315   Qu'en craignant pour mes jours, vous me les rendez chers!
     Mais ce lâche au coeur faux, à l'oeil timide & sombre,
         Vil opprobre de l'Univers,
     N'a jamais sçu porter tous ses coups que dans l'ombre:
     Je crois à sa valeur, comme à sa probité.
320   Vous voyez que mes jours sont bien en sûreté.

HENRIETTE.

Mais que prétendez-vous donc faire?

LEUSON.

     Pour armer contre lui les loix,
     Jusqu'ici je n'ai pas une preuve assez claire:
         Mais je l'aurai dans peu, j'espere;
325   C'est à vous, cependant, d'autoriser mes droits.
         Donnez-moi Béverlei pour frere,
         Que ses intérêts soient les miens;
         Ne différez plus des liens....

Var : Avant v. 307: Leçon de 3, 4, 5, 6, 7. 1, 2: 'HENRIETTE' om.

HENRIETTE.

Trouvez bon que je les differe
330   Jusqu'à ce que ma soeur ait des destins plus doux.
Venez la consoler: hélas! dans l'amertume,
Sans se plaindre de son époux,
Sa beauté se flétrit, & son coeur se consume:
Tandis qu'elle est en proie à ce trouble mortel,
335   Ah! Leuson, de l'amour puis-je goûter les charmes?
Non.... Son état est trop cruel,
Et je vais essuyer ou partager ses larmes.

Fin du premier Acte.

ACTE II.

(La Scene est dans une place près de la Maison de Béverlei.)

SCENE PREMIERE.

BEVERLEI, *(seul.)*

  Ciel! voici ma maison, & je crains d'y rentrer:
  A ma femme, à ma soeur, je n'ose me montrer;
340 J'ai tout trahi, l'amour, l'amitié, la nature:
  A tout ce qui m'est cher, à moi-même odieux,
  Sans dessein, sans espoir, errant à l'aventure,
  La honte & le remords me suivent en tous lieux.
    O du jeu passion fatale!
345   Ou, plutôt, vil amour de l'or!
  Eh! qu'avois-je besoin d'en amasser encor?
  A ma félicité quelle autre fut égale?
  Tout prévenoit mes voeux, tout flatoit mes desirs,
  L'amour semoit de fleurs ma couche nuptiale,
350 Et l'aurore avec moi réveilloit les plaisirs!
  Ah! pour moi que le Ciel ne fut-il plus avare!...
  Si, lorsqu'à tous nos voeux la fortune sourit,
    La sagesse est un don si rare,
  La médiocrité, mere du bon esprit,
355 Vaut mieux que la richesse, hélas! qui nous égare.
  Malheureux!

SCENE II.

BEVERLEI, JARVIS.

JARVIS.

  Ah! Monsieur, je sors de chez Vilson.

BEVERLEI.

  Toi, Jarvis! connois-tu cette horrible maison?
  Ce gouffre où l'avarice égorge ses victimes,
360 Où parmi l'intérêt, la bassesse & les crimes,
  Regne le désespoir, la malédiction;
  Image de ce lieu de désolation,
  Dont le couroux du Ciel a creusé les abîmes?

JARVIS.

365
Oubliez ce séjour maudit,
Et venez consoler Madame:
Elle n'étoit pas bien, ses larmes me l'ont dit.

BEVERLEI.

Laisse-moi.... Tu dis que ma femme?...

JARVIS.

Je dis que dans ses bras vous devriez voler.
Votre retour, Monsieur, peut seul la consoler:
370
Venez.

BEVERLEI.

J'ai tort, Jarvis: moi-même je me blâme;
Mais, laisse-moi.

JARVIS.

Que je vous laisse, hélas!
Je ne sçais s'il est des ingrats;
Mais vos bontés pour moi long-temps ont sçu paraître.
Tout ce que j'ai, vous me l'avez donné.
375
Abandonnerai-je un bon maître,
Lorsque de la fortune il est abandonné?

BEVERLEI.

Eh! que peux-tu pour moi?

JARVIS.

Bien peu de chose:
Cependant.... Pardonnez.... Mon cher Maître, je n'ose;
En vous l'offrant, je crains....

BEVERLEI.

O digne serviteur!
380
De ton maître avili crains plutôt la bassesse:
Oui, crains que, sans pitié, dépouillant ta vieillesse,

Var : v. 375 : 4: 'Abandonnerais-je'

Je n'abuse de ton bon coeur:
Tu ne sais pas, Jarvis, ce que c'est qu'un Joueur;
J'ai ruiné mon fils, & ma femme & ma soeur:
385   De la même fureur crains d'être aussi la proie.
Un misérable qui se noie,
S'attache, en périssant, au plus foible roseau.
Crains que je ne t'entraîne aussi dans mon naufrage.
Si tu savois, ô Ciel! à quel excès nouveau
390   M'a porté cette nuit du jeu l'aveugle rage!
Ma femme... ah! je suis confondu.
Moi qui comptois un jour perdu,
Le jour que je passois loin d'elle,
De toute cette nuit, elle ne m'a point vu:
395   J'ai passé cette nuit cruelle,
Dans les convulsions d'un malheur obstiné,
A maudire, cent fois, le jour où je suis né.

JARVIS.

Venez donc; chaque instant pour Madame est une heure.
Songez...

BEVERLEI.

Et tu dis qu'elle pleure?

JARVIS.

400   Elle se cachoit pour pleurer;
Des larmes s'échappoient à travers sa paupiere:
J'ai cru même, tout bas, l'entendre soupirer.
Vous n'avez pas un coeur de pierre;
Ah! si vous l'aviez vûe...

BEVERLEI.

Hélas! que je la plains,
405   Et que je m'abhorre moi-même!
Sa vertu méritoit de plus heureux destins:
Jarvis, de ma douleur extrême
Tu ne peux adoucir l'horreur:
Tu n'assoupiras point le remords dans mon coeur:
410   Abandonne ce misérable,
Va trouver ta maitresse.... hélas! dans son malheur,
On peut la consoler; elle n'est pas coupable.

JARVIS.

Mais vous-même venez...

BEVERLEI.

Dis-moi la vérité.
Dans le monde, Jarvis, comment suis-je traité?

JARVIS.

415   On vous regarde comme un homme
Qui dans un précipice en rêvant s'est jetté:
Le meilleur des humains (c'est ainsi qu'on vous nomme,)
           Est par-tout plaint & regretté.

BEVERLEI.

           Bon vieillard, je sais me connaître.
420   Dis plutôt, sans flater ton maître,
Que par-tout on me nomme époux ingrat, cruel,
Frere sans amitié, pere sans naturel.
           Va, dis-je, trouver ta maitresse;
Je te suis.
                    JARVIS.

           Et pourquoi différer d'un instant?
425   Son coeur est bien dans la détresse:
Elle a bien des chagrins, mon cher maître, & pourtant
           Je jurerois que votre absence,
           De tous ses maux est le plus grand.

BEVERLEI.

Tu peux de mon retour lui porter l'assurance.
430   A Stukéli je dois parler,
           Avant de me rendre auprès d'elle:
           Mais modere pour moi ton zèle:
Qu'ont mes malheurs & toi, Jarvis, à démêler?
Né dans ce que l'orgueil appelle la bassesse,
435   De l'honneur tu suivis la loi;
Et l'honneur rarement conduit à la richesse.
Les besoins vont bien-tôt assaillir ta vieillesse,
Ne mets pas la misere entre la tombe & toi:
Je vais chez Stukéli.

Var : v. 418 : 4: 'Et par-tout'

JARVIS.

Le voici.

BEVERLEI.

Laisse-moi.

SCENE III.

BEVERLEI, STUKELI.

BEVERLEI.

440   Eh bien! cher Stukéli, quelle ressource?

STUKELI.

                  Aucune;
Et je n'ai rien que d'affligeant
A vous annoncer.

BEVERLEI.

           Point d'argent?

STUKELI.

On veut des sûretés: en avez-vous quelqu'une?
Quant à moi je n'ai rien qui puisse être engagé;
445   Vous avez épuisé ce que j'eus de fortune.

BEVERLEI.

    Oui, notre ruine est commune:
Dans l'abîme où j'étois plongé,
Vous m'êtes venu tendre une main secourable,
Et moi, doublement misérable,
450   J'ai dans le même abîme entraîné mon ami;
Voilà de mes tourmens le plus insupportable.

Var : v. 447 : Leçon de 3, 5, 6, 7. 1, 2, 4: 'ou j'étois'
Var : v. 448 : 7: 'rendre une main'

STUKELI.

Montrez dans le malheur un coeur plus affermi;
Appellons, croyez-moi, le courage à notre aide:
             La plainte n'est point un remède.
455   Voyez s'il ne vous reste plus
Quelqu'un de ces bijoux brillans & superflus,
Que notre vanité prend sur le nécessaire.

BEVERLEI.

             Infidèle dépositaire,
J'ai perdu cette nuit les effets de ma soeur.
460   Il ne reste plus rien que la honte à son frere.

STUKELI.

Tant-pis: car, entre nous, je le dis sans humeur:
             Je n'ai consulté que mon coeur,
Et j'ai plus fait pour vous que je ne pouvois faire.

BEVERLEI.

Il est trop vrai!

STUKELI.

             Riche dans son état,
465   Peut-être Jarvis...

BEVERLEI.

Ah!

STUKELI.

             A regret je le nomme;
Mais ce n'est pas le tems d'être si délicat.

BEVERLEI.

Ce l'est toujours d'être honnête-homme.
Moi, dépouiller ce bon vieillard!

STUKELI.

Adieu donc.

BEVERLEI.

Quel brusque départ!

STUKELI.

470 Je ne veux pas, du moins, dans ce malheur extrême,
Qu'on puisse m'accuser de vous avoir séduit:
Leuson en fait courir le bruit.
Votre ami s'est pour vous sacrifié lui-même,
Des reproches en sont le fruit.

BEVERLEI.

475 Eh! vous en fais-je aucun? c'est moi seul que j'accuse:
Nous périssons tous deux battus des mêmes flots:
Quant à Leuson, à ses propos,
Je lui ferai sentir à quel point il s'abuse.

STUKELI.

Fort bien: mais pour tirer vous & moi d'embarras,
480 Il faudroit autre chose; & vous n'ignorez pas,
Que plus d'un créancier peut, d'un moment à l'autre,
Faire d'une prison mon séjour & le votre.
Je n'en sortirois pas: pour vous j'ai tout vendu;
Non content d'épuiser ma bourse,
485 Effets, contrats, tout est fondu.
Vous, du moins, vous avez encore une ressource.

BEVERLEI.

Nommez-la donc, & prenez-la.

STUKELI.

Oh! je ne prétens point cela...
Votre femme... mais non, je prévois la réponse;
490 Et trop mal-aisément une femme renonce
A ce qui sert à l'embellir.

BEVERLEI.

Ses diamans!.. cruel! je ne puis m'y résoudre.
Tombe plutôt sur moi la foudre.
Son époux jusques-là ne sauroit s'avilir:

495   La priver du seul bien qu'a respecté ma rage!
Non.

STUKELI.

La nécessité demande du courage.

BEVERLEI.

Dis plutôt de la lâcheté.

STUKELI.

Je suis sûr qu'aujourd'hui la fortune volage
        Tourneroit de notre côté.
500   J'ai des pressentimens dans l'ame,
Dont je garantirois l'infaillibilité.

BEVERLEI.

Je les éprouve aussi; le même espoir m'enflâme:
Je brûle de jouer; mais permets, Stukéli,
Que ton ami soit homme.

STUKELI.

           Et que le tien périsse.
505   Mets ce que j'ai fait en oubli,
         Laisse-moi dans le précipice;
         Je ne presse plus un ingrat.
          Qu'une femme qui t'est si chere
Conserve ses bijoux, en pare avec éclat,
510   Et son orgueil & sa misere:
         Je ne vous dis plus rien.

BEVERLEI.

           Hélas!
Que vous connoissez mal cette épouse adorée!
         Les bijoux dont elle fait cas,
Ce sont mille vertus dont on la voit parée,
515   Et qui ne lui manqueront pas:
Son éclat naturel suffit à ses appas.
C'est pour plaire à moi seul qu'elle ornoit sa figure,
C'est pour ma vanité qu'elle avoit des bijoux;

Var : v. 495 : 6, 7: 'd'un seul bien'

Pour les besoins de son époux,
520   Elle s'en priveroit sans peine, & sans murmure.

STUKELI.

Non, de sentiment j'ai changé:
Mon amitié fut sans réserve;
Que dans une prison plongé,
Votre ami...

BEVERLEI.

Le Ciel m'en préserve!
525   Qu'un ami généreux, pour m'avoir assisté,
Dans une prison soit jetté!
Stukéli me croit donc sans honneur & sans ame.
Dans le désespoir où je suis,
Accablé sous le poids du malheur & du blâme,
530   Je n'acheterois point le bonheur à ce prix.

STUKELI.

Avec trop de chaleur...

BEVERLEI.

Ah! sans être de glace,
En a-t-on moins en pareil cas?
Non.... Finissons de vains débats;
Je vois ce qu'il faut que je fasse;
535   Allez chez vous.

STUKELI.

Peut-être ai-je été trop pressant?

BEVERLEI.

Moi, trop ingrat.

STUKELI.

Chez lui votre ami vous attend.

Var : v. 530 : 3, 6, 7: 'n'acheterai'

(A part.)
J'imagine un moyen qui hâtera l'affaire.
(Il sort.)

BEVERLEI, *(s'approchant de sa maison.)*

Entrons.

SCENE IV.

BEVERLEI, HENRIETTE.

HENRIETTE, *(sortant.)*

  C'est vous, enfin, mon frere,
 O mon Dieu! comme vous voilà!
540   Qu'en voyant ce changement-là,
 Ma pauvre soeur aura de peine!

BEVERLEI.

Que fait-elle?

HENRIETTE.

  Elle goûte un moment de repos.
Ses yeux se sont fermés, las d'une attente vaine.
Tandis que le sommeil a suspendu ses maux,
545 Mon frere, trouvez bon que je vous redemande
Les effets qu'en vos mains....

BEVERLEI.

     L'impatience est grande!
  Quoi donc! ma soeur, votre Leuson
A-t-il sur ce sujet formé quelque soupçon?
A d'étranges discours on dit qu'il se hasarde:
550 Ose-t-il....

HENRIETTE.

  Sur ce point, mon frere, il n'ose rien.
C'est moi, jusqu'à présent, qu'uniquement regard
  Le soin de gouverner mon bien,
Et mon dessein n'est plus qu'il reste sous la garde

D'un homme qui si mal a conservé le sien.

BEVERLEI.

555   Avez-vous quelqu'inquiétude?

HENRIETTE.

Rendez-moi mes effets pour la faire cesser;
Ou bien, s'ils sont perdus, daignez me l'annoncer:
        Le coup poura m'en être rude;
        Mais j'ai tant souffert pour ma soeur,
560   Pour son fils, que de la douleur
        Vous m'avez fait une habitude:
Mon mal sera pour moi plus léger que le leur.
Maudite passion!...

BEVERLEI.

Epargnez-moi le reste.

HENRIETTE.

        Sa maison fut un paradis;
565   Deux Anges l'habitoient, son épouse & son fils.
La candeur ingenue & la beauté modeste,
        Lui prodiguoient leur doux souris,
Et lassé d'être heureux, de ce séjour céleste,
Il s'est précipité dans l'abîme funeste
570   De la misere & du mépris.

BEVERLEI.

Cruelle! vous me percez l'ame!

HENRIETTE.

Si le mal sur vous seul tomboit, comme le blâme....

BEVERLEI.

Un frere, de sa soeur, attendoit plus d'égard.
        Choisissez des couleurs moins dures:
575   Vos reproches viennent trop tard;
Sans pouvoir les guérir, vous ouvrez mes blessures.

Var : v. 576 : 7: 'ma blessure.'

De vos effets, demain, nous parlerons, ma soeur:
Souffrez qu'aujourd'hui je respire.

HENRIETTE.

Demain donc: jusques-là je forcerai mon coeur
580   A garder sur lui plus d'empire.
Il faut du Ciel respecter le couroux,
Et sans murmure adorer sa justice:
Que ce soit, cependant, un frere qu'il choisisse
Pour nous faire sentir ses coups;
585   Que ce soit un pere, un époux....

BEVERLEI.

Eh! ma soeur!

HENRIETTE.

C'en est fait: je garde le silence.

SCENE V.

BEVERLEI, HENRIETTE, Madame
BEVERLEI,TOMI.

Madame BEVERLEI, *(sortant avec Tomi, &*
courant à son mari.)

Soyez le bien venu: vous voilà, mon ami.

BEVERLEI.

Chere épouse!... J'ai fait une bien longue absence;
Je crains qu'en m'attendant vous n'ayez peu dormi.

Madame BEVERLEI.

590   Mon ami, laissons-là ma peine & mes allarmes:
De mes bras je vous tiens lié,
Je vous arrose de mes larmes,

Var : Indication scénique avant v. 587: 6, 7: '&' om.
Var : v. 591-2 : 4: 'De mes bras...mes larmes,' om.

Je vous vois; tout est oublié.

BEVERLEI, *(à part.)*

Tant de vertu, de tendresse & de charmes!
595   Que je me sens humilié!
Que de reproches à me faire!

(Pendant cet à parte, *Madame Béverlei parle bas à son fils, & lui dit d'aller à son pere.)*

TOMI.

Mon papa!

BEVERLEI.

Venez dans mes bras.
(Il le baise.)
Venez-çà. Cher enfant! Plus sage que ton pere,
De tous les maux qu'il cause à son épouse, hélas!
600   Puisses-tu consoler ta malheureuse mere!

Madame BEVERLEI.

Malheureuse! Elle ne l'est pas:
Vous m'aimez.

TOMI.

Mon papa!

BEVERLEI.

Dites, mon fils.

TOMI.

Oh dame!
J'ai bien eu du chagrin.

BEVERLEI.

Comment, petit ami?

TOMI.

C'est que maman tantôt elle pleuroit.

Madame BEVERLEI, *(en mettant son doigt sur sa bouche.)*

Tomi:

605   Paix.

BEVERLEI.

Laisse-le dire, ma femme.

(A son fils.)
          Ensuite?

TOMI.

Dans ses bras j'ai couru tout d'abord,
Et puis en me baisant elle pleuroit plus fort;
Et moi je me suis mis à pleurer tout comme elle.

HENRIETTE.

Pauvre enfant!

BEVERLEI.

Que je sens vivement tout mon tort!

Madame BEVERLEI.

610   Pardonnez, votre absence à mon coeur est cruelle.

SCENE VI.

Les Acteurs précédens, LEUSON.

Madame BEVERLEI, *(à son mari.)*

Voici Monsieur Leuson, dont le zèle & les soins
Ne se peuvent trop reconnaître.

BEVERLEI, *(froidement.)*

Je lui suis obligé.

Var : v. 611 : Correction d'éditeur. 1, 2, 3, 4, 5, 6, 7: 'Voici, Monsieur Leuson,'

LEUSON.

Non... Mais j'espere, au moins,
Que bien-tôt vous me pourez l'être:
615 J'espere parvenir à démasquer le traître....

BEVERLEI, *(vivement.)*

Qui s'est perdu pour moi par excès d'amitié.

LEUSON.

Dites que, pour vous perdre, il en prend l'apparence.
Quand vous sçaurez qu'il est le vil associé....

BEVERLEI.

N'allez pas plus avant: qui l'outrage, m'offense.
(A sa femme.)
620 J'aurois, ma chere amie, à vous entretenir.

HENRIETTE.

Eh bien! nous vous laissons mon frere:
Venez. Monsieur Leuson.

LEUSON.

Un temps poura venir,
Que vous remercîrez l'ami qui vous éclaire,
Et qui vous servira.
(Henriette rentre avec Leuson & Tomi.)

SCENE VII.

Madame BEVERLEI, BEVERLEI.

BEVERLEI.

J'ai peine à retenir
625 La colere qui me possede.
Un ami qui périt pour venir à mon aide,
Oser l'appeller traître, & l'oser devant moi!

Madame BEVERLEI.

Leuson vous aime & vous estime:
A de faux-bruits, sans doute, il donne trop de foi;

630   Mais il faut excuser le zèle qui l'anime.

BEVERLEI.

Attaquer mon ami, c'est s'attaquer à moi:
Si vous sçaviez combien je lui suis redevable
On connoit à l'épreuve un ami véritable;
      Et si Stukéli ne l'est pas,

635   Il faut à l'amitié ne croire de la vie.

Madame BEVERLEI.

D'un voile si sacré masquer sa perfidie!
      On n'a point le coeur assez bas:
Je pense comme vous.

BEVERLEI.

      Hélas! ma chere amie,
Que tout le monde, ici, n'a-t-il votre douceur!

640   De toutes les vertus vous êtes le modele,
      J'ai beau déchirer votre coeur,
Je le trouve toujours indulgent & fidele....
      Ah! j'ai détruit votre bonheur.

Madame BEVERLEI.

      Il ne l'est point: sortez d'erreur;

645   J'ai tout quand je vous vois, & durant votre absence,
      Votre retour fait tous mes voeux:
Oubliez le passé comme un songe fâcheux,
      Je me croirai dans l'abondance,
Il ne me manque rien que de vous voir heureux.

BEVERLEI.

650   Amie, hélas! trop généreuse!...
Malgré moi du passé le cruel souvenir,
      Réfléchira son ombre affreuse,
Sur les derniers momens de mon triste avenir;
Mais un autre chagrin en secret me dévore.

Madame BEVERLEI.

655   Parle, & dans ce coeur qui t'adore,
          Cher époux épanche ton coeur.

BEVERLEI.

          Cet ami que dans son honneur,
          Si lâchement on assassine...

Madame BEVERLEI.

Eh bien?

BEVERLEI.

          J'ai causé sa ruine.
660   Tout le bien qu'avoit Stukéli,
          Dans mon naufrage enseveli;
          Des Créanciers pressans, dont la poursuite vive
          Ne lui laisse pour perspective,
          Que l'infâme séjour d'une horrible prison;
665   Tout cela dans mon coeur verse un mortel poison:
          Mon amitié pour lui ne peut rester oisive.

Madame BEVERLEI.

J'espere....

BEVERLEI.

          Il faut agir, & non pas espérer.

Madame BEVERLEI.

Le fond que sur Cadix nous avons à prétendre,
Est très-considérable, & va bien-tôt rentrer.

BEVERLEI.

670   Mon ami ne peut pas attendre:
          Dans l'amertume de son coeur,
          Il m'a reproché son malheur.

Var : v. 655 : 6, 7: 'un coeur'

SCENE VIII.

Madame BEVERLEI, BEVERLEI,
UN INCONNU, *(qui apporte
une Lettre.)*

BEVERLEI, *(à l'Inconnu.)*

Que voulez-vous?

L'INCONNU.

C'est une Lettre,
Qu'entre vos mains, Monsieur, on m'a dit de remettre.
(Il se retire.)

BEVERLEI, *(ouvrant la lettre.)*

675   Elle est de Stukéli.

Madame BEVERLEI.

Que vous annonce-t-il?

BEVERLEI, *(lit.)*

„Venez me voir le plus promptement que vous pourez:
„c'est la seule marque d'amitié qu'actuellement je desire de
„vous: depuis que je vous ai quitté, j'ai pris la résolution
„d'abandonner l'Angleterre: j'aime mieux me bannir de ma
680   „patrie que de devoir ma liberté au moyen dont nous avons
„parlé tantôt. Ainsi n'en dites rien à Madame Béverlei, &
„hâtez-vous de venir recevoir les adieux de votre ami ruiné,

STUKELI.

Et ruiné par moi.... Je suivrai son exil.

Madame BEVERLEI.

685   Quoi!...

Var : v. 680 : 2: 'de voir ma liberté'
Var : v. 683 : 6 ajoute avant ce vers 'BEVERLEI'

BEVERLEI.

Sans le secourir souffrir qu'il se bannisse!
J'ai causé son malheur, je dois le partager....
O fureur de jouer! Abominable vice!
Voilà tes fruits amers!... Il faut le soulager,
Ou le suivre... Il n'est point de parti si funeste....

Madame BEVERLEI.

690   Je ne puis supporter l'état où je vous voi,
Il parle d'un moyen.... Dissipez mon effroi,
En est-il quelqu'un qui nous reste?

BEVERLEI.

C'est à moi de souffrir, je suis seul criminel;
Ce coeur n'est pas assez cruel
695   Pour vouloir en priver & mon fils & sa mere.
Votre beauté n'en a que faire;
Mais c'est l'unique bien qui vous soit demeuré.

Madame BEVERLEI.

Mes diamans?

BEVERLEI.

J'ai honte....

Madame BEVERLEI.

Est-ce donc une affaire?
Mon ami, sois bien assuré
700   Que la paix de ton coeur par-dessus tout m'est chere;
Que jamais rien, par moi, n'y sera préféré.

BEVERLEI.

Ta vertu me confond: tu m'en vois pénétré;
Mais de quel poids affreux ta bonté me soulage!

Madame BEVERLEI.

Mais vous ne joûrez plus: cela m'est bien promis,

Var : v. 704 : 6, 7: 'Mais pour ne jouer plus:'

705   C'est à quoi mon époux expressément s'engage.

BEVERLEI.

Ah! c'est pour t'adorer désormais que je vis.

Madame BEVERLEI.

Venez: tout ce que j'ai va vous être remis.

BEVERLEI.

De ton amour quel nouveau gage!
Mais pour le meilleur des amis,
710   Pouvois-je faire moins?

Madame BEVERLEI.

Pouviez-vous davantage?
Puisse-t-il en sentir le prix!
Et puisse votre coeur ne s'être pas mépris!

Fin du second Acte.

ACTE III.

SCENE PREMIERE.

STUKELI, *(seul.)*

J'ai tout au mieux joué mon rôle:
Voilà les diamans perdus,
715 Et cent pièces sur sa parole.
Tandis que notre ami confus,
Chez Vilson, en vain se désole,
Allons près de sa femme employer tout mon art:
J'ai tantôt mis le trouble en son ame incertaine,
720 Frappons un coup plus fort: il faut que tôt ou tard
Le dépit... le besoin... mon bonheur me l'amene.

SCENE II.

STUKELI, Madame BEVERLEI.

Madame BEVERLEI, *(sortant de chez elle.)*

Ah! Monsieur, vous voilà? mon mari vous a vu?
Vous nous restez?

STUKELI.

J'aurois voulu
Qu'il n'eût pas exigé, Madame, un sacrifice...
725 J'ai, pour l'en détourner, fait tout ce que j'ai pu.

Madame BEVERLEI.

Oui, Monsieur, je vous rends justice:
A fuir votre pays vous étiez résolu:
Je le sçais.

STUKELI.

Quelquefois, en blâmant son caprice,
D'un ami, malgré soi, l'on se rend le complice.

Madame BEVERLEI.

730 Vous étiez dans la peine, il vous a secouru;
Et je ne vois rien là qu'à louer.

STUKELI, *(à part, assez haut pour être entendu.)*

Pauvre femme!
Que je la plains!

Madame BEVERLEI.

Monsieur, que dites-vous?

STUKELI.

Madame...

Madame BEVERLEI.

Quelque chose en secret paroît vous agiter.

STUKELI.

Il est vrai.

Madame BEVERLEI.

Mon époux...

STUKELI, *(à part, de façon à être entendu.)*

Je n'y puis résister.

Madame BEVERLEI.

735 Monsieur, quel est donc ce mystere?

STUKELI, *(à part, de même.)*

Son sort me fait compassion.

Madame BEVERLEI.

Quel sort!

STUKELI.

A votre époux vous ne pouvez rien taire,
Et la moindre indiscrétion,
Sûrement entre nous causeroit une affaire.

Madame BEVERLEI.

740   Ma prudence, en ce cas, est votre caution....
Quoi! vous balancez?

STUKELI.

Oui.... contentez-vous d'apprendre,
Que, si vos diamans de vos mains sont sortis,
A quelqu'autre que moi vous devez vous en prendre;
Qu'ils ne m'ont point été remis.

Madame BEVERLEI.

745   O Ciel! à ma surprise il n'en est point d'égale.
Eh! pour qui?

STUKELI.

Je ne sçais... il se répand des bruits...
Nous sommes dans un siécle... on a vu des maris...

Madame BEVERLEI.

Eh bien? Monsieur.

STUKELI.

Souvent une indigne rivale...

Madame BEVERLEI.

Achevez donc.

STUKELI.

Qu'il soit épris
750   D'un de ces vils objets de luxe & de scandale,
A qui nous prodiguons l'argent & le mépris,
La chose paroît impossible,
Alors qu'on vous connoît.

Madame BEVERLEI.

                              Vous le croyez, pourtant;
Je le vois.

STUKELI.

          Vous avez une ame si sensible!
755   Je sens trop, en vous éclairant,
De quel horrible coup elle seroit frapée.

Madame BEVERLEI.

Ce coup, il est porté; vous déchirez mon coeur.
              Béverlei, tu m'aurois trompée!
J'ai pu supporter tout, hors cet affreux malheur.
760   Riche de ton amour au sein de la misere,
Tu tenois lieu de tout à ce coeur éperdu....
              Un autre objet a sçu lui plaire!
Ah! de ce seul instant, hélas! j'ai tout perdu.

STUKELI, *(à part.)*

Mon projet réussit.

Madame BEVERLEI.

              Trop certain que je l'aime,
765   Il en prend droit de m'outrager!
L'ingrat de mes bontés s'arme contre moi-même!
Il sçait trop que de lui je ne puis me venger...
Non, je ne puis penser qu'à ce point il m'offense....
              Un faux rapport vous a déçu.

STUKELI.

770   L'amitié m'imposoit silence:
Il faut parler: je sers la beauté, la vertu....
De son secret lui-même il m'a fait confidence.

Madame BEVERLEI, *(le regardant fixement.)*

Ainsi, de votre ami trompant la confiance,
Près de sa femme, ici, vous venez l'accuser.

STUKELI.

775   Madame...

Madame BEVERLEI.

C'est assez: tu ne peux m'abuser.
Je vois trop que Leuson t'avoit bien sçu connaître.
Oui, puisque Béverlei voulut t'ouvrir son coeur,
Qu'il te crut son ami, que tu prétendis l'être,
S'il n'est d'un imposteur, ton rapport est d'un traître:
780   Choisis d'être perfide ou calomniateur....
Je te crois tous les deux.... va, de ta bouche impure,
Ne viens plus en ces lieux distiler le poison:
Mais tremble... de ton imposture
Béverlei me fera raison.

STUKELI.

785   L'effet peut suivre la menace,
Madame; en des combats vous pouvez l'engager:
Ce n'est pas pour moi seul que sera le danger.

Madame BEVERLEI.

Lâche, tu n'oserois le regarder en face....
....Mais ton sang souilleroit ses mains;
790   Je lui cacherai ton audace:
Toi, dérobe à mes yeux le plus vil des humains.

STUKELI, *(à part, en se retirant.)*

Cette fierté peut se confondre.
Et c'est en me vengeant que je dois lui répondre.

SCENE III.

Madame BEVERLEI, *(seule.)*

De ses artifices trompeurs
795   Je reconnois le piége, & pourtant, je soupire:
Avec peine mon sein respire,
Et mes yeux se couvrent de pleurs.
Béverlei! Béverlei!

SCENE IV.

Madame BEVERLEI, HENRIETTE.

HENRIETTE.

Je vous vois toute en larmes.
Toujours de nouvelles douleurs,
800   Toujours de nouvelles allarmes!
Je vous l'ai déja dit, ma soeur,
Vous gâtez votre époux à force de douceur....
Vous ne m'écoutez pas.

Madame BEVERLEI.

Ma soeur, je le confesse,
Je suis toute troublée.

HENRIETTE.

Eh! quel trouble vous presse?
805   Il aura joué! deviez-vous,
Ma soeur, lui donner vos bijoux?
Si facilement, je vous prie,
Les lui falloit-il accorder?
Avant de les avoir, il auroit eu ma vie.

Madame BEVERLEI.

810   Il n'avoit qu'à la demander,
Il auroit eu la mienne.

HENRIETTE.

O Ciel! quelle foiblesse!
Mérite-t-il cette tendresse?

Madame BEVERLEI.

Si long-temps il fit mon bonheur,
Si long-temps tous les deux nous ne fîmes qu'une ame!...
815   Que fut-il?... un ingrat.... Il ne l'est pas, ma soeur.
Je sacrifierois tout pour lui prouver ma flamme.

Var : v. 814 : 2: 'fumes qu'un ame'
Var : v. 814 : 4 ajoute à la fin de ce vers *'(vivement.)'*

C'est un plaisir pour moi que ne vaut aucun bien:
Adieu.... quelques instans, je veux être à moi-même,
Et je vois que Leuson cherche votre entretien;
820   Il vous apprendra comme on aime.

SCENE V.

HENRIETTE, LEUSON.

HENRIETTE.

Ne laissons point seule ma soeur;
Venez.

LEUSON.

Daignez, belle Henriette,
D'un entretien, d'abord, m'accorder la faveur.

HENRIETTE.

Votre air sérieux m'inquiette;
825   De quoi s'agit-il donc?

LEUSON.

D'un fait,
Que de sçavoir il vous importe.

HENRIETTE.

Hâtez-vous donc....

LEUSON.

C'est un secret,
Que, pour une raison très-forte,
Je ne puis révéler qu'à des conditions.

HENRIETTE.

830   Eh bien! expliquez-les, voyons.

Var : v. 830 : 3: 'expliquer-le,'

LEUSON.

La premiere, c'est de m'apprendre,
Si votre coeur, pour moi changé,
Ne desireroit pas de se voir dégagé,
Et si par vos délais je ne dois pas comprendre...

HENRIETTE.

835   Prenez garde, Monsieur Leuson:
Qui de mon changement peut former le soupçon,
A ce changement doit s'attendre;
Et quand vous doutez de ma foi....

LEUSON.

Non... je ne doute que de moi:
840   On connoît mal, d'abord, l'humeur, le caractere;
Tout prend dans un amant les couleurs de l'amour:
Ses défauts sont cachés sous le desir de plaire.
Je crains que par le temps les miens produits au jour....

HENRIETTE, *(vivement.)*

Monsieur, répondez, je vous prie,
845   Répondez en homme d'honneur;
Dites si, dans le fond du coeur,
Vous ne desirez pas que le mien se délie?

LEUSON.

Ah! le Ciel m'est témoin qu'il y va de ma vie:
Au bonheur d'être à vous, mes jours sont attachés.

HENRIETTE.

850   Sachez donc de mon coeur les sentimens cachés:
Il n'est plus le même.

LEUSON.

Ah! cruelle.

HENRIETTE.

Ecoutez jusqu'au bout.

LEUSON.

Parlez, Mademoiselle.

HENRIETTE.

En vous connoissant mieux, Leuson,
Ce qui fut un penchant est devenu raison;
855 Et sur moi l'un & l'autre ont pris tant de puissance,
Que, fussiez-vous dans l'indigence,
Avec vous je préférerais
La plus simple cabane au plus riche palais.

LEUSON.

Adorable Henriette!.... Eh bien! donc, je demande,
860 (C'est mon autre condition,)
Que d'une si chere union
Le jour fixé par vous....

HENRIETTE.

Ah! souffrez que j'attende...

LEUSON.

Je n'attens plus, non: il faut que demain
De tous vos délais soit le terme:
865 J'en veux votre parole, Henriette, ou mon sein
Garde le secret qu'il renferme.

HENRIETTE.

Vous êtes trop pressant.

LEUSON.

Vous balancez en vain;
Et, si je vous suis cher, toute excuse est frivole.

HENRIETTE.

Il faut céder.

LEUSON.

Votre parole?

HENRIETTE.

870   Elle est à vous. Votre secret?

LEUSON.

Toute votre fortune....

HENRIETTE.

Eh bien?

LEUSON.

                              Elle est perdue.

HENRIETTE.

           O Ciel! je reste confondue.
           Perdue! & Leuson, qui le sçait...
           Vous avez surpris ma promesse.
875   De votre procédé j'admire la noblesse.
           Mais...

LEUSON.

           J'ai votre parole... Eh quoi!
           Voilà que vous rêvez, Henriette, & je voi
           Des pleurs, au même instant, mouiller votre paupiere.

HENRIETTE.

           Il faut vous dévoiler mon ame toute entiere.
880   Quelque beau procédé que vous me fassiez voir,
           (Peut-être poura-t-on m'accuser d'être fiere:)
                    Mais je crains de vous trop devoir;
           Oui, Leuson, si j'ai tort, ce tort est excusable,
                    Notre fortune étoit semblable,
885   Et l'hymen nous liant de ses noeuds les plus doux,
                    Laissoit tout égal entre nous:
           Mais pour dot, aujourd'hui, vous porter l'indigence,
                    N'est-ce pas jusques au tombeau,
                    Envers vous d'une dette immense,
890   M'imposer le rude fardeau?
           N'est-ce pas...

Var : v. 874-5 : 'Vous avez surpris...la noblesse': ordre de ces deux vers inverti dans 3, 5, 6, 7

LEUSON.

Quelle erreur! Eh quoi! belle Henriette,
Entre deux coeurs qui ne font qu'un,
Peut il subsister quelque dette?
Est-il quelque fardeau qui ne soit pas commun?
895   Craint-on d'être obligé par un autre soi-même?
Tout est acquitté, quand on s'aime.

HENRIETTE.

Que tout le soit donc entre nous.
L'orgueil voudroit en vain se soulever encore,
Henriette consent à tenir tout de vous.
900   Voici ma main, Leuson.

LEUSON.

Qu'en un moment si doux,
Je baise mille fois cette main que j'adore.

HENRIETTE.

Mais de mon bien perdu quel est votre garant?

LEUSON.

Un homme qui me doit quelque reconnoissance,
Bates, de Stukéli le principal agent:
905   Il m'en a fait la confidence,
Et sans doute, en le ménageant,
Je parviendrai bientôt à mettre en évidence
La manoeuvre du scélérat,
Dont Béverlei fait tant d'état.

HENRIETTE.

910   Plût au Ciel!

LEUSON.

Je vous laisse: adieu, belle Henriette;
Tenez à Béverlei notre affaire secrette.

Var : v. 892 : 5: 'sont qu'un'
Var : v. 907 : 7: 'parviendrois'
Var : v. 909 : 6: 'tant de cas'

Prévenu trop long-temps en faveur d'un pervers,
J'espere que demain ses yeux seront ouverts.

SCENE VI.

HENRIETTE, *(seule.)*

De sentimens quelle délicatesse,

915

Et quel généreux procédé!
Qu'il mérite bien ma tendresse!

Mais mon frere! à quel point le jeu l'a dégradé!
Ah! pour toi, chere soeur, quelle douleur cruelle,

Quand cette fatale nouvelle

920 Viendra frapper encor ton coeur déja brisé!
....Ce coup accableroit son courage épuisé....
Il faut la lui cacher & me résoudre à feindre.
Mais voici Béverlei... tâchons de nous contraindre:

Que cet effort coûte à mon coeur!

SCENE VII.

BEVERLEI, HENRIETTE.

BEVERLEI, *(d'un air épanoui.)*

925

Ah! vous voilà, ma chere soeur.

De moi depuis long-temps vous avez à vous plaindre:
Le vil amour du jeu me sçut trop égarer;
J'oubliai vous, mon fils, & ma femme, & moi-même:
Mais, malgré tous ses torts, votre frere vous aime;
930 Il vous aima toujours & veut tout réparer.

HENRIETTE.

Qu'annonce ce transport? Un retour de fortune?
Cette vicissitude aux joueurs est commune:
Mais...

BEVERLEI.

Je ne le suis plus... non, j'abhorre le jeu:
De le fuir à jamais devant vous je fais voeu.

HENRIETTE.

935   Pour la millieme fois....

BEVERLEI.

Où votre soeur est-elle?
Je lui viens annoncer une grande nouvelle.

HENRIETTE.

Vous la voyez.

SCENE VIII.

Madame BEVERLEI, BEVERLEI,
HENRIETTE.

BEVERLEI.

Ma femme, embrassez votre époux,
Et sçachez le bonheur que le Ciel nous envoie.

Madame BEVERLEI.

Il sçait les voeux que je lui fais pour vous;
940   Mais quel est donc ce grand sujet de joie?

BEVERLEI.

Nos fonds sont arrivés: le bon Monsieur Johnson,
Homme d'honneur & Banquier de renom,
Vient de m'en faire la remise:
J'ai dans ce porte-feuille, en billets différens,
945   Une somme qui monte à trois cent mille francs;
Le Ciel a béni l'entreprise,
Et nous avons au moins décuplé notre mise.

Madame BEVERLEI.

Mon coeur en est charmé, moins pour moi que pour vous:
J'espere désormais que votre ame guérie,
950   Jouissant d'un destin plus doux,
Abjurera du jeu la triste frénésie;
            Que vous me rendrez mon époux.

BEVERLEI.

Oui, j'abjure à vos piés cette fureur honteuse,
            Qui de mon fils, qui de ma soeur,
955   Qui d'une épouse vertueuse,
            A fait trop long-temps le malheur:
Autant qu'à vous, ma femme, elle m'est odieuse,
            Et je prens le Ciel à témoin,
Que je ne veux avoir désormais d'autre soin
960   Que d'élever mon fils & de vous rendre heureuse.

Madame BEVERLEI.

C'est de votre bonheur que dépend tout le mien.

BEVERLEI.

Sçavez-vous mon projet? Cet antique héritage,
Par mes peres transmis jusqu'à moi d'âge en âge,
            Que j'ai vendu presque pour rien,
965   Je prétens y rentrer: là je veux vivre en sage;
            Aux fureurs du sort échappé,
            Las d'en éprouver les secousses,
            Dans le sein des passions douces,
Mon coeur reposera de vous seule occupé.

Madame BEVERLEI.

970   Ah! mon ami!

HENRIETTE.

            Fort bien: du mal qui vous possède,
            Mon frere, ainsi que de l'amour,
            La fuite est l'unique reméde.

BEVERLEI.

Oh! j'en suis guéri sans retour:
Tant que mon ame en fut atteinte,

975   De convulsions agité,
    Entre l'espérance & la crainte,
 Je traînai de mes jours le tissu détesté,
 J'ai cent fois été prêt d'attenter à ma vie.

     Madame BEVERLEI.

Vous me faites frémir.

      BEVERLEI.

    Le Ciel, ma chere amie,
980 Pour prix de vos vertus vient d'exaucer vos voeux.
 Permettez, cependant, qu'un moment je vous quitte,
 D'une dette pressante il faut que je m'acquitte;
    Le retard seroit dangereux,
 Ma personne en répond, mais bientôt....

     Madame BEVERLEI.

        Avec peine
985 Je vous laisse aller.

      BEVERLEI.

        A l'instant
Je reviens.

     Madame BEVERLEI.

  Mon ami, sur un point important,
   Il faut que je vous entretienne,
 Et vous ne pouvez trop presser votre retour.

      BEVERLEI.

 Je n'ai pas moins que vous d'impatience.

     Madame BEVERLEI.

990   Allez donc: pendant votre absence,
 Nous préparerons tout pour fêter ce grand jour.
    (Elles rentrent.)

SCENE IX.

BEVERLEI, STUKELI.

(Béverlei fait un pas en avant & rencontre Stukéli.)

BEVERLEI.

Te voilà, Stukéli! sçais-tu que la fortune....

STUKELI.

Oui, Johnson m'a tout dit, je vous fais compliment.

BEVERLEI.

	Ton amitié pour moi se montra peu commune,
995	Tu verras si la mienne aujourd'hui se dément:
	Mais je cours m'affranchir d'une dette importune,
	Et satisfaire Jame, ainsi que Mackinson.

STUKELI.

	Fort bien: ils sont tous deux à présent chez Vilson.
	La partie est considérable,
1000	Des flots d'or roulent sur la table,
	Avec quelque bonheur on feroit un beau gain;
	Mais je les ai laissés tous deux en mauvais train,
	Jouant d'un malheur effroiable:
	Tu viendras à propos leur prêter du secours.

BEVERLEI.

1005	Dans cette maison infernale,
	Je voudrois, s'il se peut, ne rentrer de mes jours;
	Elle me fut toujours fatale.

STUKELI.

	Je t'approuve très-fort de ne point aller là,
	On n'y joua jamais une partie égale.
1010	C'est sur un tapis verd le Pérou qui s'étale;
	Tu serois tenté.

Var : v. 1010 : 5: 'du Pérou'

BEVERLEI.

Point.

STUKELI.

Je doute de cela;
La fortune, il est vrai, n'est pas toujours cruelle,
Tu parois en grace avec elle;
Avec discrétion on pourroit la tâter....
1015   Ce n'est point mon avis.

BEVERLEI.

Oh! sois en assurance.
...Cependant on peut m'arrêter,
Tu sçais que Mackinson a contre moi sentence.

STUKELI.

Je l'avoue, & quelqu'un m'a dit en confidence
Qu'il vouloit dès ce soir la faire exécuter.

BEVERLEI.

1020   Eh bien! cette raison décide;
Mais n'appréhende rien: je te répons de moi.

STUKELI.

Tu n'iras pas, si tu m'en croi:
Leuson viendroit encor me traiter de perfide,
Il ne parle pas mieux de toi.
(En appuiant.)
1025   Il dit par-tout avec menace,
Que du bien de ta soeur tu lui feras raison.

BEVERLEI.

Laissons-là ce Monsieur Leuson,
On peut rabattre son audace...
Allons m'acquitter chez Vilson....
1030   Mais pour plus de précaution,
Tiens, garde ces billets.

Var : v. 1016 : 6, 7: 'veut m'arrêter'
Var : v. 1022 : 6, 7: 'irois'
Var : Avant v. 1025 : 3, 6, 7: '*s'appuyant.*'

STUKELI.

Qui? moi! que je les prenne:
Tu connois le foible que j'ai;
Je te crois aujourd'hui dans une heureuse veine,
Tu voudras les r'avoir & moi je céderai.
1035   N'y va pas, Béverlei, permets que je t'arrête.

BEVERLEI.

Me crois-tu donc si foible, & que sur un tapis
Un peu d'or me tourne la tête;
Que mes yeux en soient éblouis?

STUKELI.

Un peu d'or! des monceaux.

BEVERLEI.

Beaucoup ou peu, qu'importe?

STUKELI.

1040   On pourroit regagner tout ce que tu perdis:
Mais... ne nous y fions que de la bonne sorte.

BEVERLEI.

Non, je ne joûrai plus, c'est un parti bien pris;
Mais, puisqu'enfin tu crois cette épreuve si forte,
N'entrons pas, demandons Mackinson à la porte.

Fin du troisième Acte.

ACTE IV.

SCENE PREMIERE.

(Il fait nuit.)

BEVERLEI, STUKELI.

STUKELI.

1045   Que parlez-vous, ô Ciel! de fer & de poison?

BEVERLEI.

Mon sort est-il assez funeste?
J'ai tout perdu: rien ne me reste,
Que l'affreux désespoir qui trouble ma raison:
Ma fureur va jusqu'au délire.

STUKELI.

1050   Falloit-il entrer chez Vilson?
Si mes conseils sur vous avoient eu quelque empire,
Votre ami...

BEVERLEI.

Mon ami! Barbare, à toi ce nom!
Tu n'es qu'une horrible furie,
Qui de son souffle impur empoisonna ma vie,
1055   Un monstre par l'enfer contre moi déchaîné;
Sans cette amitié détestable,
Seroit-il un mortel plus que moi fortuné?
En est-il un plus misérable?
Heureux pere, heureux frere, & moins époux qu'amant,
1060   Manquoit-il à mes voeux quelque bien desirable?
Mais d'un fatal égarement
Réveillant dans mon coeur la semence endormie,
Tu lui fournis de l'aliment,
Et fis d'une étincelle un affreux incendie.
1065   Tout a péri, mes biens, mon honneur & ma vie:
Voilà ce qu'a produit ta funeste amitié.

STUKELI.

J'excuse le malheur: votre injustice extrême
Excite mon couroux bien moins que ma pitié:
                    Mais avez-vous donc oublié,
1070   Que sûr, disiez-vous, de vous-même,
Prêt d'entrer chez Vilson, je vous ai supplié....

BEVERLEI.

Tu brûlois de m'y voir... oui, j'ai vu l'artifice,
                    Et qu'en montrant le précipice,
Tu sçavois inspirer la fureur d'y courir:
1075   Mais mon coeur étoit ton complice,
                    Et cherchoit lui-même à périr...
                    Mais, répons-moi, pourquoi me rendre
Les effets qu'en dépôt j'avois mis dans tes mains?

STUKELI.

                    Vous sçavez que, pour m'en défendre,
1080   Tous mes efforts ont été vains:
                    Vous avez voulu les reprendre.

BEVERLEI.

Traître, donne-t-on du poison
Au furieux qui le demande?

STUKELI.

J'ai vu dans le malheur James & Mackinson;
1085   J'espérois......

BEVERLEI.

                    J'ai contre eux un violent soupçon.
De scélérats c'est une bande,
Dont la caverne est chez Vilson.
Ma perte n'est pas naturelle.

STUKELI.

On les dit cependant d'un honneur éprouvé,
1090   Et par moi l'un & l'autre en jouant observé,
                    M'a paru loyal & fidèle.

BEVERLEI.

Mais, toi-même, l'es-tu?

STUKELI.

Béverlei!

BEVERLEI.

Je ne sçais...
Il me prend contre toi des mouvemens de rage....

STUKELI.

Me croyez-vous donc lâche assez....
1095   Supportez le malheur avec plus de courage.

BEVERLEI.

Du courage! la mort... Mais, ma femme! mon fils!
(Il le saisit au colet.)
Traître, tu m'as plongé dans l'abîme où je suis:
Il faut m'en tirer, ou sur l'heure....
Je ne me connois plus... Pardonne... Tu me fuis?

STUKELI.

1100   Je quitte un ingrat.

BEVERLEI.

Ah! demeure.

STUKELI.

Pour me voir accabler de reproches sanglans!

BEVERLEI.

Ah! dans mes transports violens,
Puis-je sçavoir si je t'outrage?
Sçais-je ce que je dis? Suis-je maître de moi?
1105   Non.... Crains tout en effet.... dans un moment de rage,
Je puis te poignarder, & moi-même après toi.

Var : v. 1101 : 3, 6, 7: 'accablé'

(Il lui fait signe de s'en aller avec un geste furieux.)

SCENE II.

BEVERLEI, *(seul.)*

Où porté-je mes pas? Ciel! dans quel antre sombre,
D'une ame bourrelée ensevelir l'horreur?
C'est en vain que la nuit me couvre de son ombre,
1110   On n'échappe point à son coeur.
Nuit, tu ne peux cacher un coupable à lui-même.
                    ....O désespoir! ô honte extrême!
Quoi! de mon repentir ce jour même est témoin!
Celle qui, lâchement à ma rage immolée,
1115   Apprit, sans murmurer, à souffrir le besoin,
                    Ma femme est par moi consolée!
Son bonheur, désormais, doit faire tout mon soin;
Loin de Londre & du jeu qu'à jamais je déteste,
                    Je lui peins le séjour céleste....
1120   L'enfer, hélas! n'étoit pas loin.
C'en est fait, à ses yeux je ne veux plus paroître.
Ma mort.... Mais quelqu'un vient, je crois le reconnoître.
                    Oui, c'est lui-même, c'est Leuson:
On dit que ses propos respirent la menace,
1125   Que du bien de ma soeur il veut avoir raison:
Je prétens que lui-même ici me satisfasse.

SCENE III.

BEVERLEI, LEUSON.

LEUSON.

Quelqu'un a prononcé mon nom.
Béverlei!... Mon ami, la rencontre est heureuse:
J'ai travaillé pour vous.

Var : v. 1107 : correction d'éditeur. 1, 2, 3, 4, 5, 6, 7: 'Ou porté-je'
Var : v. 1128 : leçon de 4. 1, 2, 3, 5, 6, 7 donnent un vers de neuf syllabes, 'Béverlei!...la rencontre est
       heureuse:'

BEVERLEI.

           Sans en être prié!
1130   C'est avoir l'ame généreuse.
Qui vous chargeoit, Monsieur, de ce soin?

LEUSON.

                L'amitié.
J'espere en tout son jour faire bien-tôt paraître
Le mortel le plus noir, & l'ami le plus traître....
Ce que j'ai découvert doit le faire trembler.

BEVERLEI.

1135   J'en connois un déja qui doit trembler lui-même.

LEUSON.

        De qui prétendez-vous parler?
Quel est-il?

BEVERLEI.

       Moi présent, il proteste qu'il m'aime,
Et loin de moi sa bouche ose me diffamer.

LEUSON.

Cette énigme....

BEVERLEI.

         Je vais clairement m'exprimer:
1140   J'ai, si l'on vous en croit, perdu, par ma folie,
Tout le bien que ma soeur vous devoit apporter:
Voilà dans tous les lieux ce que Leuson publie.
Qu'il ose en ma présence ici le répéter.

LEUSON.

Béverlei, la hauteur & le ton de menace
1145   Ont causé bien des maux qu'on eût pu prévenir,
        Et peut-être un autre à ma place....
        Mais je sçaurai me contenir.

Var : v. 1145 : 3: 'de maux'

Je ne dis jamais rien qu'en face
Je ne sois prêt à soutenir.
1150   Des discours qu'on me fait tenir:
Nommez le délateur, & de sa vile audace
Cette main sçaura le punir.

BEVERLEI.

Je sçais ce qu'il faut que je pense,
Et ce n'est-là qu'un vain recours
1155   Pour échapper à ma vengeance.

LEUSON.

O Ciel! quel étrange discours!
Béverlei me tient ce langage!
Mais nous nous sommes vûs dans le champ de l'honneur:
Il sçait bien qu'aisément on ne me fait pas peur.

BEVERLEI.

1160   Je ne sçais rien que mon outrage,
Et sans discourir davantage,
Défendez vos jours.
(Il tire son épée.)

LEUSON, *(froidement.)*

Frappe, Ingrat;
Suis la fureur qui te domine.
Ta folle confiance en un vil scélérat,
1165   De tout ce qui t'est cher a causé la ruine:
Il te reste un ami.... Que ta main l'assassine.

BEVERLEI.

J'ai ruiné mon fils, & ma femme, & ma soeur:
De malédictions qu'elles chargent ma tête,
Je les accomplirai: ma main est toute prête.
1170   Mais toi, quel droit as-tu de noircir mon honneur?
Tu te dis mon ami, barbare; si c'est l'être,
Ah! sois le donc encore en me perçant le coeur;
Tu me vois à ce trait prêt à te reconnaître.

Var : v. 1164 : 6: 'folle' om.

LEUSON.

Remets ce fer: je vois qu'un traître

1175   A contre ton ami sourdement manoeuvré:
Je crois même entrevoir le but qu'il se propose.

BEVERLEI.

Eh! par quelle raison juger qu'il m'en impose?

LEUSON.

Il sçait que je l'ai pénétré:

En t'armant contre moi le lâche fourbe espere,

1180   De l'un des deux, au moins, par l'autre se défaire;

Mais son espoir sera trahi:

Tu ne verseras point le sang de ton ami,
Ma main du sang du mien ne sera point trempée;

Remets, te dis-je, cette épée:

1185   Adieu, rentre chez toi: demain, moins prévenu,
Béverlei rougira de m'avoir mal connu.

SCENE IV.

BEVERLEI, *(seul.)*

Ce sang-froid de Leuson n'est pas celui d'un lâche:

Dans l'occasion je l'ai vû,
Sa valeur fût toujours sans tache.

1190   Stukéli m'auroit-il déçu?...

Que m'importe, après tout? Tiens-je encore à la vie?
Dans le fond de mon coeur je sens mille bourreaux.

D'un coup terminons tous mes maux;

Il faut qu'avec ce fer, elle me soit ravie...

Var : v. 1177 : leçon de 3, 4, 5, 6, 7. 1, 2: 'quel raison'
Var : v. 1192 : 6: 'Dans le fond...bourreaux.' om.

SCENE V.

BEVERLEI, JARVIS.

(Jarvis pendant le monologue est entré sur la Scene,
& s'est approché de Béverlei, que dans
l'obscurité il cherche à reconnoître.)

BEVERLEI, *(appercevant quelqu'un près de lui.)*

1195   Qui s'avance vers moi? parle, est-ce un assassin?
                Si tu l'es, viens, suis moi: ma main,
        Plus que la tienne encore, est de sang altérée;
                Et plus que toi, je porte dans mon sein
                    Une rage désespérée.

JARVIS.

1200   Mon cher maître, daignez...

BEVERLEI.

                        Ah! bon-homme, c'est toi?
                Que fais-tu si tard dans la rue?
        Tu devrois être au lit.

JARVIS.

                    Monsieur, pardonnez-moi;
        Vous-même... *(Il voit l'épée nue.)* Ciel!

BEVERLEI.

                                    Quoi donc?

JARVIS.

                                Votre épée... elle est nue...
        Auriez-vous... Ah! Monsieur, vous me glacez d'effroi.

Var : v. 1203 : 4: indication scénique placée avant 'Vous-même...'

BEVERLEI, *(sans écouter.)*

1205   Oui, de quelque côté que je tourne la vue,
    La misere, l'opprobre est par-tout sur mes pas.
        Ce n'est que par un prompt trépas...

JARVIS.

    Monsieur.... De sa douleur l'ame toute occupée,
    Il se parle à lui-même & ne m'écoute pas!
1210   O mon maître!

BEVERLEI.

        Qui parle?

JARVIS.

        Hélas!
    C'est le pauvre Jarvis... donnez-moi cette épée;
    Monsieur, au nom de Dieu, donnez-la moi: je crains....

BEVERLEI.

    Oui, prens-la, prens ce fer, ôte-le de mes mains.
    Peut-être en ce moment, c'est le Ciel qui t'envoie.

JARVIS.

1215   Ah! Monsieur, quelle est donc ma joie!
        Et que Jarvis se tient heureux!...

BEVERLEI.

    Puisses-tu toujours l'être, ô vieillard vertueux!
        Mais ne reste pas davantage:
    De mes malheurs, Jarvis, crains la contagion.
1220   La ruine, l'horreur, la malédiction,
    De tout ce qui m'approche est le cruel partage;
        Rentre, bon vieillard, couche-toi;
    Va trouver le repos... qui n'est plus fait pour moi.

JARVIS.

    Permettez que chez vous, Monsieur, je vous ramene.

Var : Avant v.1205 : 6: *'sans l'écouter.'*

BEVERLEI

1225   Non... jamais.

JARVIS.

Songez-vous quelle cruelle peine,
Madame... Pardonnez; vous voulez donc sa mort?

BEVERLEI.

Pour elle, & pour mon fils, de tous les maux le pire,
C'est peut-être de vivre... oui, dans leur triste sort,
Ils passeront, hélas! leurs jours à me maudire.
1230   Laisse-moi... de la nuit je chéris la noirceur,
Je voudrois en pouvoir redoubler les ténébres;
Dans le fond de mon ame une plus grande horreur....
          (Il a l' air d' écouter.)
N'entens-je pas des cris funébres?

JARVIS.

Tout garde le silence.

BEVERLEI.

O remords! O fureur!
1235   Va-t-en. Couché sur cette pierre,
Je passerai la nuit à dévorer mon coeur.
Eh! puissé-je jamais ne revoir la lumiere!
          (Il s' étend sur des pierres.)

JARVIS, *(à ses pieds.)*

Ah! mon cher maître, à vos genoux,
Votre vieux serviteur en larmes vous conjure...
1240   Au nom de Dieu, relevez-vous,
               Vous n'avez point une ame dure;
Madame est dans les pleurs...

Var : v. 1235 : leçon de 3, 5, 6, 7. 1, 2, 4: 'Va-t-en?'

SCENE VI.

Madame BEVERLEI, *(sortant de chez elle avec*
une Lanterne,) M. BEVERLEI *(sur les pierres,)*
& JARVIS, *(à genoux faisant une Scene muette.)*

Madame BEVERLEI.

Jarvis ne revient pas:
Je ne puis soutenir une plus longue attente:
Un trouble affreux m'agite... O Ciel! conduis mes pas,
1245   Guide ma démarche tremblante.
(Elle s'avance du côté où sont Béverlei & Jarvis.)

BEVERLEI, *(à Jarvis.)*

Tu m'importunes, bon vieillard.

JARVIS.

Votre pere, Monsieur, me montroit plus d'égard,
Et vous-même dans votre enfance...
Mais je vois que vers nous une clarté s'avance:
1250   Prenez garde... quelqu'un.

Madame BEVERLEI, *(qui s'est approchée.)*

J'entens sa voix, je croi:
Oui, c'est lui... c'est Jarvis... Que mon ame est émue!
Je frémis.... approchons.... Ciel, qu'est-ce que je voi?

JARVIS.

C'est Madame!

BEVERLEI.

Ma femme! O terre, engloutis-moi!

Madame BEVERLEI, *(à son mari.)*

Mon ami... je me meurs... ce spectacle me tue...
1255   Cruel, vous détournez la vûe;
Vous fuyez mes regards... mon coeur se sent glacer;
Parlez moi... vous voyez qu'à peine je respire:
Ah! par pitié, faites cesser
Tout le trouble & l'effroi que ce moment m'inspire.

BEVERLEI.

1260   Je vais plutôt les redoubler:
                  Frémissez... je n'ai rien que d'affreux à vous dire.
                  De malédictions vous m'allez accabler.

Madame BEVERLEI.

                  Ah! mon coeur en est incapable;
                  Il n'apprendra jamais qu'à benir mon époux.

BEVERLEI.

1265   Cet époux est un misérable,
                  Qui ne doit être vû par vous
                  Que comme un monstre détestable.
                  Ce jour a fixé notre sort;
                  La misere & les pleurs, voilà votre partage:
1270   C'est celui de mon fils... & le mien, c'est la mort.

Madame BEVERLEI.

Quoi donc!

BEVERLEI.

                  Tout est perdu: le désespoir, la rage,
                  Voilà tout ce qui m'est resté.
                  Maudissez votre époux, il l'a bien mérité.

Madame BEVERLEI.

                  Exauce mes voeux & mes larmes,
1275   Ciel; d'un oeil de bonté regarde sa douleur:
                  De son front obscurci dissipe les allarmes,
                  Ramene la paix dans son coeur.
                  Si l'infortune & la misere
                  Doivent tomber sur l'un des deux,
1280   Epuise sur moi ta colere,
                  Et que Béverlei soit heureux.

BEVERLEI.

                  Et c'est ainsi que me maudit ta bouche!
                  O d'un indigne époux vertueuse moitié,

Var : v. 1266 : 6, 7: 'veut être vû'
Var: v. 1269 : 4: 'La misere, les pleurs,'
Var : v. 1269 : 6, 7: 'notre partage'

Combien tant de bonté me confond & me touche!

Madame BEVERLEI.

1285   Laisse donc la tendre pitié
Adoucir dans ton coeur le désespoir farouche.
Eh! pourquoi succomber au poids de tes douleurs?
Tout n'a point, mon ami, péri dans ton naufrage;
Mon partage n'est point la misere & les pleurs.

BEVERLEI.

1290   Que nous reste-t-il?

Madame BEVERLEI.

         Le courage,
Et le travail... Tu sçais que toujours quelque ouvrage
Dans ton absence occupoit mes momens:
Je trompois la longueur du temps:
Ah! crois-moi, c'est du sein de l'indigence même
1295   Que naîtra mon plus doux plaisir:
Je n'ai fait jusqu'ici qu'amuser mon loisir;
Je ferai vivre ce que j'aime.

BEVERLEI.

     Ta vertu peut tout adoucir,
     Mon désespoir cede à ses charmes.
1300   Je me jette en ton sein que je baigne de larmes....
O chere & tendre épouse, & tu ne me hais pas!

Madame BEVERLEI.

Je t'aime, & je te plains.... Hélas!

SCENE VII.

Les Acteurs précédens,
UN SERGENT, *(suivi d'un Record.)*

LE SERGENT, *(à Béverlei.)*

Je vous arrête, il faut me suivre.

Var : v. 1302 : 4 : '&' om.

BEVERLEI.

O fortune! voilà le dernier de tes coups.
1305　　　　　　　On ne m'y verra pas survivre.

Madame BEVERLEI.

Monsieur, je tombe à vos genoux.

LE SERGENT.

C'est de l'argent qu'il faut.

JARVIS.

De combien est la somme?

LE SERGENT.

Trois cents pieces.

JARVIS.

Chez moi, j'en ai moitié.

LE SERGENT.

Bon-homme,
Il faut le tout.

JARVIS.

Demain, je puis,
1310　　　En fondant un Contrat....

Var : v. 1308 : leçon de 3, 4, 5. 1, 2, 6: 'Bon-homme.', 7: 'Bon-homme;'
Var : v. 1309: leçon de 3, 5, 6. 1, 2, 4: 'puis.', 7: 'puis'

BEVERLEI.

(Au Sergent.)
Finissons. Je vous suis....
Jarvis, ce nouveau trait a pénétré mon ame.
Mais, gardez votre argent.... Embrassez-moi, ma femme:
Pour la derniere fois, je vous tiens dans mes bras....
Il faut subir mon sort....

(On l'emmene.)

Madame BEVERLEI, *(le suivant avec Jarvis.)*

Je ne vous quitte pas.

Fin du quatrième Acte.

Béverlei

ACTE V.

(La Scene représente la chambre d'une prison: il doit y avoir d'un côté une table sur laquelle est un pot d'eau, & un verre dans une jatte, & de l'autre un fauteuil, & une chaise à côté: Tomi est dans le fauteuil, & Jarvis sur la chaise à côté.)

SCENE PREMIERE.

TOMI, JARVIS.

JARVIS, *(en arrangeant l'enfant.)*

1315	Ses yeux se ferment... il succombe.
	Pauvre enfant! le voilà qui dort.
	O l'heureux âge! sans effort,
	Dans les bras du sommeil il tombe;
	Il ne craint pas que du remord
1320	La voix en sursaut le réveille;
	Son innocence en paix sommeille;
	Tandis que, le coeur déchiré,
	Son pere malheureux a vu le jour renaître,
	Avant que dans ses yeux le sommeil soit entré.
1325	Quel changement fatal! O mon maître, mon maître,
	A quelle passion vous vous êtes livré?
	Que de vertus en vous un seul vice a détruites?
	Et qu'il a d'effroyables suites!
	Puisse le Ciel...

SCENE II.

Madame BEVERLEI, JARVIS.

Madame BEVERLEI.

Que fait mon fils?

Var : Dans 7 indication scénique placée après l'indication 'scène première'

JARVIS.

1330   Vous voyez, Madame, il repose.

Madame BEVERLEI, *(en le baisant.)*

Dormez, cher enfant! Ah! Jarvis,
Quels tourmens son pere me cause!
Mes discours, tu le sçais, avoient eu quelque fruit;
J'avois de ses transports calmé la violence:
1335   Cette prison a tout détruit.
O la cruelle, ô l'effroyable nuit!
Plongé dans un morne silence,
L'oeil fixe, il paroissoit ni n'entendre, ni voir;
Et soudain furieux jusques à la démence,
1340   Poussant les cris du désespoir,
Il détestoit son existence.

JARVIS.

O mon maître!

Madame BEVERLEI.

A ses pieds, que je baignois de pleurs,
J'invoquois les doux noms & d'époux & de pere;
A mes larmes, à ma priere,
1345   Il n'opposoit que des fureurs:
Deux fois cruellement ses bras m'ont repoussée.
De cet égarement à la fin revenu,
Honteux de voir sa femme à ses pieds abaissée,
Son coeur s'est vivement ému:
1350   Contre son sein il m'a pressée;
Le torrent de nos pleurs alors s'est confondu.

JARVIS.

Je sens couler les miens.

Madame BEVERLEI.

Sa fureur s'est calmée:
Par le sommeil enfin sa paupiere fermée
D'un repos passager lui prête la douceur.

JARVIS.

1355   Le Ciel en soit loué.

Madame BEVERLEI.

Mais, cependant, ma soeur
M'a mandé qu'il falloit que moi-même j'agîsse,
Et que pour mon époux il seroit important,
Qu'au-dehors sans tarder un moment je la vîsse:
Je vais profiter de l'instant,
1360   Jarvis, où mon mari sommeille.
Toi, sois bien attentif, prens garde; &, s'il s'éveille,
Ne le laisse point seul, mene lui son enfant,
A l'aspect de son fils, à cette chere vûe,
D'un sentiment si doux un pere a l'ame émue!...
1365 Béverlei sentira son tourment adouci;
     A l'instant je reviens ici:
     Si de toi je n'étois pas sûre,
Mon coeur à le quitter ne pourroit consentir.

JARVIS.

Sans crainte vous pouvez sortir.

Madame BEVERLEI, *(après avoir été doucement*
regarder par la coulisse.)

1370   Il n'a pas changé de posture,
Il dort profondément. Jarvis, je t'en conjure,
Observe bien l'instant qu'il se réveillera.
     (Elle sort.)

SCENE III.

JARVIS, TOMI *(dormant.)*

JARVIS.

Jusqu'au retour de ma maitresse,
J'espere qu'il reposera:
1375   Que de vertu, que de tendresse!
L'excellente femme qu'il a!
Qu'il seroit avec elle heureux, s'il sçavoit l'être!
J'entens du bruit.... allons doucement reconnoître....

Var : v. 1361 : leçon de 2, 3, 4, 5, 6, 7. 1: 's'éveille'

Il ne dort plus.... c'est lui, pâle, défiguré,
1380   Moins sombre cependant, & l'oeil moins égaré.

SCENE IV.

BEVERLEI, JARVIS, TOMI
(dormant.)

BEVERLEI, *(à part.)*

Ma femme est éloignée; écartons ce bon-homme:
Il faut me défaire de lui.

JARVIS.

Vous n'avez fait qu'un léger somme;
Le repos, bientôt, vous a fui.

BEVERLEI.

1385   Ta maitresse est dehors?

JARVIS.

Quelques soins nécessaires
L'ont forcée à sortir, Monsieur, pour vos affaires.
Dans peu vous allez la revoir.

BEVERLEI.

Je sens que du sommeil le baume favorable
Dans mon coeur plus tranquile a ranimé l'espoir.
1390   J'ai besoin du conseil d'un ami véritable:
Je veux entretenir Leuson.
Va le trouver, Jarvis; dis-lui qu'en ma prison
Il me fasse à l'instant l'amitié de se rendre....
Qui te fait hésiter?

JARVIS.

Mon cher maître, pardon:
1395   Madame, dans ce lieu, m'a prescrit de l'attendre.

Var : v. 1392 : leçon de 2, 3, 4, 5, 6, 7. 1: 'm'a prison'

BEVERLEI.

Elle n'a pas prévu l'ordre que tu reçois,
        Tu vois que je suis fort tranquile.

JARVIS.

Grace au Ciel, Monsieur, je le vois.

BEVERLEI.

Va donc, je veux quitter ce triste domicile.

JARVIS.

1400   Mais...

BEVERLEI.

Sans plus répliquer, j'ordonne; obéis-moi.

JARVIS, *(après un air d' hésitation.)*

J'y vais.

SCENE V.

BEVERLEI, TOMI *(dormant.)*

BEVERLEI, *(après avoir fait quelques tours de
l' air le plus sombre.)*

                Mon heure est arrivée:
        J'ai prononcé l'arrêt... cet arrêt est la mort.
                D'opprobre mon ame abreuvée
                Ne peut plus soutenir son sort.
1405   A ses tourmens mon coeur succombe.
*(En disant ces vers, il approche de la table, met de
l' eau dans un verre, & y mêle la liqueur d' un
flacon qu' il tire de sa poche.)*
                Je vais m'endormir dans la tombe...
        M'endormir!... Si la mort, au lieu d'être un sommeil,
        Etoit un éternel... & funeste réveil!
        Et si d'un Dieu vengeur... il faut que je le prie:
1410   *Dieu dont la clémence infinie....*
        Je ne sçaurois prier... du désespoir sur moi

La main de fer appesantie

M'entraîne... cependant, j'entens, avec effroi,

Dans le fond de mon cœur une voix qui me crie:

1415   Arrête, malheureux: tes jours sont-ils à toi?

O de nos actions incorruptible Juge,

Conscience!.... Mais quoi! sans espoir, sans refuge,

Voir ma femme, mon fils languir dans le besoin!

Auteur de leur misere, en être le témoin!

1420   Endurer le mépris, pire que l'infortune!

Mourir enfin cent fois, pour n'oser mourir une!

Ah! c'est trop balancer... on peut braver le sort:

Mais la honte! mais le remord!

(Il prend le verre.)

Nature, tu frémis... Terreur d'un autre monde,

1425   Abîme de l'éternité,

Obscurité vaste & profonde,

Tout coeur à ton aspect se glace épouvanté:

Mais j'abhorre la vie, & mon destin l'emporte.

(Il boit.)

C'en est fait.... c'est la mort qu'en mes veines je porte:

1430   De mes jours ce soleil éclaire le dernier.

O si l'homme au tombeau s'enfermoit tout entier!

Mais des pleurs des vivans si l'ame encore émue

Voit ceux qui lui sont chers souffrans & malheureux,

Si j'entens vos cris douloureux,

1435   O ma femme, ô mon fils, ô famille éperdue!

L'enfer, l'enfer n'a pas de tourmens plus affreux.

...O réflexion trop tardive!...

(Il fait quelques tours & apperçoit son fils.)

Mon fils! un doux sommeil tient son ame captive.

(I) Je n'entendrai donc plus le son de cette voix,

Var : v. 1438-41 : 4: *'(Il fait quelques tours...si chere!'*, remplacé par:

TOMI, *(en révant & sans s'éveiller.)*

Mon papa!

BEVERLEI

Quel mot ai-je ouï?

Mon fils!...un doux sommeil tient son ame captive.

Jusqu'au fond de mon cœur sa voix a retenti.

O douce expression de sa bouche naïve;

Nom cher dont la nature a consacré les droits,

Tu ne frapperas plus mon oreille attentive!

Var : v. 1439 : La note manque dans 3, 4, 5, 6, 7

(I) J'ai changé cet endroit: voici la premiere leçon qui étoit, je crois, plus théâtrale; mais dont plusieurs personnes ont été révoltées.

Pauvre enfant! tu ne sens ni ne prévois ton sort:

La honte de ma vie & l'horreur de ma mort,

1440   A mon oreille, hélas! si chere!
                    Que je t'embrasse, au moins, pour la derniere fois.
                    O malheureux enfant d'un plus malheureux pere!
                              (Il s'assied à côté sur la chaise.)
                              Qu'en le voyant mon ame s'attendrit!
                    Il semble qu'en dormant sa bouche me sourit.
1445   Cette bouche.... ces traits.... Ce sont ceux de sa mere:
                    Pauvre enfant! *(Il se lève)* tu ne sens, ni ne prévois ton sort;
                    La honte de ma vie, & l'horreur de ma mort,
                              Voilà ton unique héritage:
                              L'opprobre sera ton partage.

_____

                              Voilà ton unique héritage:
                              L'opprobre sera ton partage.
            De misere accablé, n'osant lever les yeux,
            Tu vivras pour maudire & le jour & ton pere:
            La vie est-elle donc un bien si précieux?
            Ma fureur t'a ravi tout ce qui la rend chere;
            Qui t'en délivreroit t'ôteroit un fardeau:
            Que n'a-t-on étouffé ton pere en son berçeau!
            Mais déja le poison.... Je sens que je m'égare,
                              Une épaisse & noire vapeur
                              Couvre mes yeux, & dans mon cœur
                              Fait naître une fureur barbare.
                              Que dis-je, fureur? c'est pitié.
            Pour qui dans le malheur languit humilié,
            Mourir est un instant; vivre est un long supplice.
                              Mon fils ce seroit-là ton sort:
            Osons l'y dérober, le moment est propice:
            Qu'il passe sans douleur du sommeil à la mort;
            Ce fer.... Tuer mon fils! Le transport est horrible....
                              Nature! ah! je sens que ta voix
                              Jette en mon cœur un cri terrible:
            Que je t'embrasse, au moins, pour la derniere fois.
            O malheureux enfant d'un plus malheureux pere!
                              (Il s'assied à côté de l'enfant.)
            Hélas! qu'en le voyant mon ame s'attendrit!
            Il semble qu'en dormant sa bouche me sourit....
            Cette bouche.... ces traits, ce sont ceux de sa mere....
            Qu'il vive.... Mais, que dis-je?... Est-ce donc le chérir!
                              (Il se leve.)
                              Vouloir qu'il vive pour souffrir!...
            Ciel! un feu dévorant au dedans me consume,
                              Mon sang de plus en plus s'allume;
            Le temps est précieux: soit raison, soit fureur....
                              (Il leve le fer sur son fils.)
            Il s'éveille!

                    TOMI, *(effrayé.)*

                    Papa.... Vos yeux.... Ils me font peur.
        &c.
Var : v. 1446 : 4: Indication scénique précède 'Pauvre enfant!'

1450   De misere accablé, n'osant lever les yeux,
          Tu vivras pour maudire & le jour & ton pere.
          La vie est-elle donc un bien si précieux?
          Ma fureur t'a ravi tout ce qui la rend chere:
          Qui t'en délivreroit, t'ôteroit un fardeau.
1455   Que n'a-t-on étouffé ton pere en son berceau?
          Mais déja le poison... je sens que je m'égare;
               Une épaisse & noire vapeur
               Couvre mes yeux, & dans mon coeur
               Fait naître une fureur barbare:
1460   Que dis-je fureur? c'est pitié.
          Pour qui dans le malheur languit humilié,
          Mourir est un instant, vivre est un long supplice.
               Mon fils ce seroit-là ton sort...
          Osons l'y dérober... le moment est propice;
1465   Qu'il passe, sans douleur, du sommeil à la mort.
          Ce fer... Tuer mon fils! Le transport est horrible.
               Nature! ah! ta voix dans mon coeur
               Vient de jetter un cri terrible...
          Il s'éveille.

TOMI.

Papa... vos yeux... ils me font peur.

BEVERLEI.

1470   Sa voix a je ne sçais quel charme...

TOMI, *(tombant à genoux.)*

Mon bon papa, pardonnez-moi.

BEVERLEI.

Je n'y tiens pas, il me désarme.
          (Il jette le poignard.)
O malheureux enfant! O mon fils, lève-toi:
          Mes pleurs inondent ton visage...
       (Madame Béverlei entre avec Henriette.)

Var : v. 1468 : 4 ajoute après ce vers 'Dans ce coeur déchiré la pitié...la fureur...'
Var : v. 1470 : 4: 'Sa voix...charme...', remplacé par, 'Sa voix, son jeune âge, ses charmes...'
Var : v. 1472 : 4: 'il me désarme.' remplacé par 'tu me désarmes.'

SCENE VI.

TOMI, BEVERLEI, Madame BEVERLEI,
HENRIETTE.

TOMI, *(courant à sa mere.)*

1475   Maman, sauvez Tomi.

Madame BEVERLEI.

Ciel! quel est mon effroi!
Cet enfant... ce poignard... cruel! à quel usage?

BEVERLEI.

Des monstres connoissez-en moi le plus sauvage;
Par pitié pour mon fils je lui perçois le coeur.

HENRIETTE.

Juste Ciel!

Madame BEVERLEI.

Par pitié!... votre fils!... quelle horreur!
1480   Barbare, & vous osez l'avouer à sa mere!
O mon fils! mon cher fils!

BEVERLEI.

Si, pour vous satisfaire,
Il n'est besoin que de ma mort...

Madame BEVERLEI.

A ce discours funeste, à cet excès barbare,
Cher & cruel époux! je vois le noir transport
1485   Du désespoir qui vous égare.
Mais à vous mettre en liberté,
Sçachez que Leuson se prépare;
Sçachez que Stukéli ce monstre détesté...

BEVERLEI, *(à part.)*

De mes sens quel tourment s'empare!

SCENE VII.

Les Acteurs précédens, LEUSON,
JARVIS.

LEUSON.

1490   Béverlei, vos fers sont rompus:
Par Jame assassiné, Stukéli ne vit plus;
Un différend entr'eux est né sur le partage.

HENRIETTE.

Ce perfide n'est plus?

LEUSON.

Non, Jame est arrêté:
Vos effets sont en sûreté.
1495   Cher ami, reprenez courage;
Tout vous sera rendu.

BEVERLEI.

Je me suis trop hâté.
Ah! malheureux!

Var : v. 1490 : Leçon de 3, 4, 5. 1, 2, 6, 7: 'Beverlei,'
Var : v. 1496-9 : 4: 'BEVERLEI. Je me suis trop hâté...LEUSON. Madame,' remplacé par,
BEVERLEI, *(se levant avec un moment de joie.)*

Quoi! ma femme, mon fils...
La misere pourroit n'être pas leur partage!...

(Il retombe avec un cri de douleur.)

J'aurois pu...Qu'ai-je fait? Ciel! retenons mes cris:
Quels tourmens!

Madame BEVERLEI.

Vous souffrez?

BEVERLEI.

Ma douleur est cruelle.

LEUSON.

Ses traits sont renversés, une sueur mortelle...
Madame,

Madame BEVERLEI.

Eh quoi! cette nouvelle...

LEUSON.

Ses traits sont renversés.

BEVERLEI.

Une douleur cruelle...

LEUSON.

Madame, il faut un promt secours.

Madame BEVERLEI.

1500   Courez, Jarvis. *(Il sort.)* O Ciel, sois mon recours!

BEVERLEI.

Le calme à la douleur succède.
O ma femme!

Madame BEVERLEI.

Eh bien? quoi? mon ami, mon époux!

BEVERLEI.

Ne cherchez point à mon mal de remède:
Il n'en est point.

Madame BEVERLEI.

Que dites-vous?
1505   Il en est, il en est.

BEVERLEI.

Epouse digne & chere,
Vous n'avez plus d'époux, mon fils n'a plus de pere.

LEUSON.

O malheureux ami! Qu'avez-vous fait?

HENRIETTE.

Hélas!
Mon frere, avez-vous pu...

Madame BEVERLEI.

Non, je ne le crois pas:
Cet horrible attentat...

BEVERLEI.

Tout mon coeur le déteste.
1510   Pere dénaturé, citoyen criminel,
Barbare époux, enfin, dans un moment funeste,
J'ai violé les Loix de la Terre & du Ciel.

Madame BEVERLEI.

Je meurs.
(Leuson la soutient.)

BEVERLEI.

Voici le moment de paroître
Au redoutable Tribunal
1515   De celui qui me donna l'être;
Tout me dit que je touche à ce terme fatal;
Le calme où je me trouve.... une foiblesse extrême...
Mes yeux d'ombres environnés...
Ma femme: ah! dites-moi que vous me pardonnez.

___

Var : v. 1508 : 2: 'avez-vous bu'

Madame BEVERLEI, *(avec des sanglots.)*

1520   Puisse le Ciel, hélas! vous pardonner de même (I).

BEVERLEI.

Aidez à le fléchir votre époux expirant.
(Il s'incline, soutenu par ceux qui l'entourent.)
Dieu de miséricorde, à tes pieds, en tremblant,
Ta foible créature implore ta clémence:
Ta justice pardonne au coeur qui se repent;
1525   Fais luire à ce coupable un rayon d'espérance:
                    Tu vois mes remords infinis:
S'ils ne peuvent, Grand Dieu, désarmer ta vengeance,
Ne l'étens pas du moins sur ma femme & mon fils.

Madame BEVERLEI.

Ah! qu'il prenne ma vie, & qu'il sauve la tienne.
(Elle se précipite à ses pieds, abîmée de douleur.)

BEVERLEI, *(à Leuson.)*

1530   Prenez soin d'elle & de ma soeur,
Digne ami, dont si mal j'avois connu le coeur.
                    Mon fils... qu'il s'approche, qu'il vienne.
*(L'enfant se met aux genoux de son pere, sa mere est
de l'autre côté: Béverlei, après les avoir regardés:)*
                    Mes yeux se remplissent de pleurs.
O mort! qu'en ce moment je ressens tes horreurs!...
1535   Vous me perdez, mon fils: il vous reste une mere;
Qu'elle vous soit toujours & respectable & chere;

(I) A la représentation on abrége ainsi la Scene:

Madame BEVERLEI.

Puisse le Ciel, hélas! vous pardonner de même.

BEVERLEI.

                    Il voit mes remords, & vos pleurs....
Mon fils!...
*(Le fils se met aux genoux de son pere d'un côté; la mere
doit être de l'autre, abîmée de douleur.)*
                    Vous me perdez, il vous reste une mere.
                    Qu'elle vous soit toujours, &c.

Var : v. 1520 : La note manque dans 5.
Var : v. 1531 : Le texte principal se termine ici dans 7. Ce qui reste est ajouté à la fin de la note.

Et si du Jeu jamais vous sentez les fureurs,
Souvenez-vous de votre pere...
Donnez-moi votre main, ma femme... Adieu... je meurs.
(Madame Béverlei s' évanouit & la toile tombe.)

FIN .

APPROBATION.

J'AI lu par ordre de Monseigneur le Vice-Chancelier, *Béverlei*, Tragédie Bourgeoise, & je crois qu'on peut en permettre l'impression. A Paris, ce 6 Juin 1768.

MARIN

De l'Imprimerie de la Veuve SIMON, Imprimeur de la Reine
& de l'Archevêché, rue des Mathurins, 1768.

APPENDICE

La nouvelle édition revue et corrigée de 1770 (4) est la seule publiée du vivant de l'auteur où figure cette version heureuse du dernier acte. Le court avis qui explique sa présence précède l'épître dédicatoire dans cette édition, et la version heureuse de l'acte elle-même figure à la fin du texte, après le dénouement tragique original.

AVIS

L'auteur de cette Piece, par déférence pour une partie du Public, qui a paru souhaiter que la catastrophe du cinquiéme Acte fût moins terrible, a fait un second cinquiéme Acte qu'on trouvera dans cette nouvelle édition à la fin de l'Ouvrage. Les Comédiens pourroient en faire l'essai, & donner ensuite la préférence à celle des deux façons que le goût du Public auroit adoptée.

NOUVEAU CINQUIEME

ACTE.

Les quatre premieres Scenes sont les mêmes.

SCENE V.

BEVERLEI, TOMI *(dormant.)*

BEVERLEI.

Mon heure est arrivée:
J'ai prononcé l'arrêt... cet arrêt est la mort.
D'opprobre mon ame abreuvée
Ne peut plus soutenir son sort.

1405　　　　　　　　A ses tourmens mon coeur succombe.
(Il s'approche de la table, met de l'eau dans un verre &
y mêle la liqueur d'un flacon qu'il tire de sa poche.)

Je vais m'endormir dans la tombe...

M'endormir!... Si la mort, au lieu d'être un sommeil,
Etoit un éternel & funeste réveil,
Et si d'un Dieu vengeur... Il faut que je le prie:
1410　　　　　　　*Dieu dont la clémence infinie...*
Je ne sçaurois prier... du désespoir sur moi

La main de fer appesantie

M'entraîne... cependant, j'entends, avec effroi,
Dans le fond de mon coeur une voix qui me crie:
1415　　　Arrête, malheureux: tes jours sont-ils à toi?
O de nos actions incorruptible Juge,
Conscience!... Mais quoi! sans espoir, sans refuge,

Voir ma femme, mon fils languir dans le besoin!
Auteur de leur misere, en être le témoin!
1420   Endurer le mépris, pire que l'infortune!
Mourir enfin cent fois, pour n'oser mourir une!...
...Ah! c'est trop balancer; on peut braver le sort:
    Mais la honte! mais le remord!
    (Il prend le verre.)
Nature, tu frémis... Terreur d'un autre monde,
1425   Abîme de l'éternité,
    Obscurité vaste & profonde,
Tout homme à ton aspect recule épouvanté...
    Mais une horreur encor plus vive
L'emporte.
    (Il est prêt à boire.)

TOMI, *(en rêvant & sans s'éveiller.)*

Mon papa?

BEVERLEI, *(s'arrêtant.)*

    Ciel! quel mot ai-je ouï?
1430   Mon fils!... un doux sommeil tient son ame captive.
Jusqu'au fond de mon coeur sa voix a retenti...
O douce expression de sa bouche naïve;
Nom cher dont la nature a consacré les droits
Tu ne frapperas plus mon oreille attentive!
1435   Que je t'embrasse, au moins, pour la derniere fois.
O malheureux enfant d'un plus malheureux pere!
    (Il s'assied à côté.)
Qu'en le voyant mon ame s'attendrit!
Il semble qu'en dormant sa bouche me sourit.
Cette bouche... ces traits... ce sont ceux de sa mere.
1440   Pauvre enfant! tu ne sens ni ne prévois ton sort;
La honte de ma vie, & l'horreur de ma mort,
    Voilà ton unique héritage:
    L'opprobre sera ton partage.
De misere accablé, n'osant lever les yeux,
1445   Tu vivras pour maudire & le jour & ton pere.
La vie est-elle donc un bien si précieux?
Ma fureur t'a ravi tout ce qui la rend chere:
Qui t'en délivreroit, t'oteroit un fardeau.
Que n'a-t-on étouffé ton pere en son berceau?
1450   Je ne sçais... Mais je sens que mon esprit s'égare;
    Une épaisse & noire vapeur
    Couvre mes yeux, & dans mon coeur
    Fait naître une fureur barbare.
    Que dis-je fureur? c'est pitié.

1455   Pour qui dans le malheur languit humilié,
        Mourir est un instant, vivre est un long supplice.
                  Mon fils, ce seroit-là ton sort...
        Osons l'y dérober... le moment est propice;
        Qu'il passe, sans douleur, du sommeil à la mort.
1460   Ce fer... Tuer mon fils! Le transport est horrible.
                  Nature! ah! ta voix dans mon coeur
                  Vient de jetter un cri terrible...
        Dans ce coeur déchiré la pitié... la fureur...
        Il s'éveille.

                            TOMI.

        Papa... vos yeux... ils me font peur.

                          BEVERLEI.

1465   Sa voix, son jeune âge, ses charmes...

                TOMI, *(tombant sur ses genoux.)*

        Mon bon papa, pardonnez-moi.

                          BEVERLEI.

        Je n'y tiens pas: tu me désarmes.
                  (Il jette le poignard.)
        O malheureux enfant! O mon, fils leve-toi.
                  Mes pleurs inondent ton visage...

                          SCENE VI.

            BEVERLEI, TOMI, Madame BEVERLEI.

                TOMI, *(courant à sa mere.)*

1470   Maman, sauvez Tomi.

                    Madame BEVERLEI.

                  Ciel! quel est mon effroi!
        Cet enfant... ce poignard... cruel! à quel usage?

BEVERLEI.

Des monstres connoissez en moi le plus sauvage;
Par pitié pour mon fils je lui perçois le coeur.

Madame BEVERLEI.

Par pitié! votre fils! mon enfant! Quelle horreur!
1475 Barbare, & vous osez l'avouer à sa mere!
O mon fils, tu n'as plus de pere;
Viens dans mes bras.

SCENE VII.

BEVERLEI, TOMI, Madame
BEVERLEI, JARVIS.

*(Jarvis arrive sans être vu, & s'arrête
considérant ce qui se passe; Madame
Béverlei caresse & rassure Tomi.)*

BEVERLEI.

Tandis qu'elle embrasse son fils,
Hâtons-nous, de l'horreur de vivre
Que ce breuvage me délivre.

JARVIS, *(courant & arrachant le verre.)*

1480 Arrêtez, arrêtez.

BEVERLEI, *(furieux.)*

Jarvis!

JARVIS, *(jettant le poison.)*

Non, vous ne prendrez point ce breuvage perfide.

Madame BEVERLEI, *(volant à son mari.)*

O Ciel! quelle fureur vous guide!
Malheureux! vous voulez....

BEVERLEI.

La mort.

Madame BEVERLEI.

      Ah! le désespoir vous égare:
1485   Mais, pour en arrêter le coupable transport,
      A vous tirer d'ici, sçachez qu'on se prépare.
      Votre ami, que j'ai vu, va changer votre sort:
      Oui, Leuson....

BEVERLEI.

      De mes maux peut-il combler l'abîme!

Madame BEVERLEI.

      Et tu crois réparer le malheur par un crime!
1490   Mais il faut que j'éclate & c'en est trop, enfin.
      Je ne puis plus, cruel, renfermer dans mon sein,
            L'horreur dont ce projet me glace.
      Pere dénaturé, citoyen criminel,
      Barbare époux, dis-moi! Ta sacrilége audace
1495   Brave-t-elle les loix de la Terre & du Ciel!
      Insensé! songes-tu qu'il te faut comparaître
            Au redoutable Tribunal
            De celui qui te donna l'être?
      Songes-tu qu'il te faut, dans cet instant fatal,
1500   Du dépôt de tes jours rendre compte à ton maître?
      Tu te tais... Si tu meurs, l'opprobre nous attend.
            Parle: que t'a fait cet enfant?
      Qu'a fait sa mere, hélas! que t'aimer trop, peut-être?
            Tu le sçais, mon coeur indulgent,
1505   Accablé par toi sans relâche,
            Ne t'opposa, jusqu'à ce jour,
            Que la patience & l'amour:
            Ta mort est le crime d'un lâche.
            De quel droit oses-tu mourir?
1510   Les malheurs de mon fils, les miens sont ton ouvrage;
            Si tu ne peux nous secourir,
      Tu nous dois, tout au moins, l'exemple du courage.

BEVERLEI.

Eh bien! le voile est déchiré:
A quel égarement un malheureux se livre!
1515   Par toi, ton époux éclairé,
        Ma femme, se condamne à vivre:
A force de travaux, de constance & de soins,
Puisse-t-il adoucir ton infortune extrême!
Pour t'épargner des maux, tu le verras, du moins,
1520   S'oublier sans cesse lui-même,
        Et ne sentir que tes besoins.

Madame BEVERLEI.

Va, quelques maux sur nous que l'infortune assemble,
L'amour rend tout léger; nous souffrirons ensemble.

SCENE VIII. ET DERNIERE.

Les Acteurs précédens,
HENRIETTE, LEUSON.

LEUSON.

Béverlei, vos maux sont finis:
1525 Les brigands contre vous secrètement unis
        Se sont divisés au partage,
Et Stukéli, par Jame atteint d'un coup mortel,
En ce moment expire.

Madame BEVERLEI.

O justice du Ciel!

HENRIETTE.

Rendez grace à Leuson, mon frere, à son courage:
1530 Par lui vous êtes libre, & Jame est dans les fers.
Leuson, le désarmant, a fait saisir l'infâme:
On a de vos effets dépouillé ces pervers;
        Stukéli vient de rendre l'ame,
Il a tout révélé pour se venger de Jame.

Var : v. 1531 : Correction d'éditeur. 4: 'Leuson le, désarmant,'

BEVERLEI.

1535   Ma soeur... ma femme... mon ami...
      Je ne sçaurois parler... dans l'excès de ma joie
              Je ne respire qu'à demi.
      Mon coeur... qui, trop serré... tout-à-coup... se déploie...
              Ne me trompez-vous pas, ma soeur?

HENRIETTE.

1540   Non: le Ciel a puni ce traître.

BEVERLEI.

Cher Leuson, dont si mal j'avois connu le coeur,
Votre amitié jamais ne se peut reconnaître:
              Ma soeur m'acquittera vers vous;
Mais, comment réparer les torts de votre époux,
1545 Ma femme!

Madame BEVERLEI.

              Votre coeur est honnête & sensible;
Abusé par un monstre il s'étoit égaré.
(En appuyant.)
Vous n'oublîrez jamais cette leçon terrible:
              Aimez moi, tout est réparé.

FIN.

De l'Imprimerie de la Veuve SIMON & Fils, Imprimeur-
Libraires de S. A. S. Monseigneur le Prince de Condé, & de l'Archevêché, rue des
Maturins, 1770.

TABLE DES MATIERES

Béverlei